Lua Simplifié

Un guide du débutant pour le scripting puissant

Gabriel Kroenenn

Table des matières

15   Simuler des objets   172

16   Lua dans le monde réel   186

17   Écrire du code de qualité   195

Votre aventure Lua commence

Imaginez un langage de programmation petit, rapide et étonnamment simple, mais suffisamment capable pour animer des parties de jeux en ligne massivement multi-joueurs, des serveurs web gérant des millions de requêtes, et même aider des artistes à créer des visuels époustouflants. Ce langage, c'est Lua ! Ne le voyez pas comme une lourde machine industrielle, mais plutôt comme une boîte à outils précise et adaptable, parfaite pour ajouter des capacités de script à de plus grands projets ou pour construire des applications agiles à partir de zéro. Ce chapitre est votre point de départ. Nous découvrirons ce qui fait fonctionner Lua, jetterons un œil à ses origines intéressantes, verrons où il fait une différence dans le monde et, surtout, préparerons votre propre ordinateur à parler Lua. Votre voyage dans cet élégant langage commence ici même.

Qu'est-ce qui fait briller Lua ?

Alors, qu'est-ce qui rend Lua si spécial ? Pourquoi le choisir parmi les nombreux autres langages existants ? Lua repose sur quelques idées fondamentales qui le distinguent.

Premièrement, il est incroyablement **léger**. L'interpréteur Lua complet (le programme qui exécute votre code Lua) est minuscule, mesuré en kilooctets, pas en mégaoctets. Cela le rend fantastique pour les situations où les ressources sont limitées, comme dans les jeux mobiles ou les systèmes embarqués (pensez aux appareils intelligents ou aux contrôleurs). Il n'exige pas beaucoup de votre ordinateur.

Deuxièmement, Lua est **rapide**. Pour un langage interprété (lu et exécuté à la volée, plutôt que compilé en code machine au préalable), Lua est remarquablement performant. Sa conception simple permet une exécution efficace, rivalisant souvent voire dépassant d'autres langages de script dans les tests de vitesse. Cette performance est une raison clé pour laquelle il est choisi pour des tâches exigeantes comme la logique de jeu.

Troisièmement, Lua a été conçu dès le départ pour être **intégrable**. Cela signifie qu'il est facile d'intégrer Lua *dans* des applications écrites dans d'autres langages, typiquement C ou C++. Une application peut utiliser Lua pour permettre aux utilisateurs d'écrire des scripts, de personnaliser le comportement ou de prototyper rapidement des fonctionnalités sans toucher au code C/C++ principal. Il agit comme un mécanisme d'extension contrôlable.

Au-delà de ces points techniques, Lua adopte :

- **La simplicité** : Lua possède un ensemble relativement restreint de concepts fondamentaux. Sa syntaxe est propre et évite l'encombrement inutile. Cela le rend plus facile à apprendre et à lire que de nombreux autres langages. Vous ne trouverez pas des dizaines de façons de faire la même chose ; il y a généralement une manière claire et idiomatique.
- **La portabilité** : Lua est écrit en C ANSI propre, ce qui signifie qu'il peut fonctionner sur pratiquement n'importe quelle plateforme disposant d'un compilateur C. Des mainframes massifs aux microcontrôleurs minuscules, Windows, macOS, Linux, systèmes d'exploitation mobiles – Lua se sent chez lui presque partout.
- **La flexibilité** : Malgré sa simplicité, Lua fournit des mécanismes puissants pour créer des structures complexes. Son unique outil de structuration de données, la **table** (que nous explorerons en profondeur au chapitre 6), peut être utilisée pour créer des tableaux, des dictionnaires, des objets, et plus encore. Cette flexibilité vous permet d'adapter le langage à vos besoins spécifiques.

Ces caractéristiques se combinent pour faire de Lua un choix pragmatique pour un large éventail de problèmes.

Un aperçu du passé de Lua

Chaque langage a une histoire, et celle de Lua est assez intéressante. Il n'a pas émergé d'une grande entreprise ou d'un cadre purement académique. Lua est né au Brésil en 1993 à l'Université pontificale catholique de Rio de Janeiro (PUC-Rio).

Ses créateurs – Roberto Ierusalimschy, Luiz Henrique de Figueiredo et Waldemar Celes – travaillaient au sein de Tecgraf, le Groupe de technologie en infographie, qui avait des liens étroits avec Petrobras, le géant pétrolier brésilien. Petrobras avait besoin de moyens pour configurer des logiciels d'ingénierie complexes et permettre aux ingénieurs (qui n'étaient pas nécessairement des programmeurs experts) de personnaliser les simulations et les tâches d'analyse de données.

À l'époque, il n'y avait pas de solution parfaite. Les langages de script existants étaient souvent trop complexes, pas facilement portables sur les différents systèmes utilisés par Petrobras, ou avaient des licences restrictives. Ils avaient besoin de quelque chose de simple, portable et facilement intégrable dans leurs applications C existantes. Ne trouvant rien d'adéquat, ils décidèrent de créer leur propre langage.

Ils combinèrent des idées issues de langages précédents qu'ils avaient développés (DEL et Sol) et se concentrèrent intensément sur les objectifs de simplicité, de portabilité et d'intégrabilité. Le nom "Lua" signifie "Lune" en portugais, un nom approprié pour un langage né du précédent "Sol" (Soleil). Lua a été conçu pour résoudre des problèmes du monde réel dès le premier jour, et cette origine pratique continue de façonner sa philosophie.

Lua dans la nature

Malgré son profil relativement discret par rapport à des géants comme Python ou JavaScript, Lua est utilisé dans des environnements très en vue et exigeants. Vous avez probablement rencontré Lua sans même vous en rendre compte !

- **Développement de jeux :** C'est sans doute le domaine le plus célèbre de Lua. Sa vitesse, sa faible empreinte mémoire et sa facilité d'intégration le rendent idéal pour scripter la logique de jeu, l'IA des personnages, les interfaces utilisateur et la gestion des événements.
  - **Roblox :** Utilise Luau, un dialecte de Lua, comme principal langage de script, permettant à des millions d'utilisateurs de créer leurs propres jeux et expériences.

- **World of Warcraft** : Permet aux joueurs de personnaliser largement leur interface utilisateur à l'aide d'addons Lua.
- **Moteur Defold, LÖVE (Love2D), Corona SDK (maintenant Solar2D)** : Des frameworks de jeu populaires fortement basés sur Lua.
- D'innombrables autres, des succès indépendants aux titres AAA comme *Civilization*, utilisent souvent Lua pour des tâches de script.
- **Serveurs web et infrastructure** : Bien que moins courant pour le développement web général, Lua excelle dans les scénarios haute performance.

    - **OpenResty** : Une plateforme web puissante basée sur Nginx qui intègre largement Lua. Elle permet aux développeurs d'écrire des applications web, des API et des passerelles très efficaces directement en Lua. De nombreux sites web à fort trafic utilisent OpenResty/Lua pour gérer efficacement les requêtes.
    - **Kong** : Une passerelle API open-source populaire basée sur OpenResty.
    - **Redis** : Permet de scripter les interactions avec la base de données en utilisant Lua pour des opérations atomiques.
- **Extension d'applications** : De nombreuses applications de bureau utilisent Lua comme moteur de script interne.

    - **Adobe Lightroom** : Utilise Lua pour développer des plugins et automatiser des tâches.
    - **Neovim / Vim** : Des éditeurs de texte modernes qui permettent une personnalisation étendue via Lua.
    - **Wireshark** : L'analyseur de protocoles réseau utilise Lua pour écrire des dissecteurs et des taps.
- **Systèmes embarqués** : Sa petite taille rend Lua adapté aux appareils où la mémoire et la puissance de traitement sont limitées, bien que le C reste dominant dans ce domaine.

Ceci n'est qu'un échantillon ! Lua apparaît partout où il y a un besoin pour un langage de script rapide, léger et facilement intégrable. Sa conception pragmatique lui a valu une base d'adeptes dévoués dans ces niches.

Préparer votre terrain de jeu Lua

Assez parlé, mettons Lua en marche sur votre machine ! Heureusement, c'est généralement un processus simple.

Obtenir Lua

La façon d'installer Lua dépend de votre système d'exploitation :

- **Linux** : Lua est souvent disponible via le gestionnaire de paquets de votre distribution.
  - Sur Debian/Ubuntu : `sudo apt update && sudo apt install lua5.4` (ou `lua5.3`, `lua5.2`, `lua5.1` selon la disponibilité et les préférences – nous nous concentrerons sur Lua moderne, mais les concepts sont similaires).
  - Sur Fedora : `sudo dnf install lua`
  - Sur Arch : `sudo pacman -S lua`
- **macOS** : Le moyen le plus simple est souvent d'utiliser un gestionnaire de paquets comme Homebrew.
  - Avec Homebrew : `brew install lua`
- **Windows** : Vous avez plusieurs options :
  - **Binaires Lua** : Vous pouvez télécharger des binaires Windows précompilés directement depuis le projet LuaBinaries (souvent trouvé via une recherche web pour "Lua Binaries download"). Téléchargez le paquet, décompressez-le, et vous trouverez `lua5x.exe` (par exemple, `lua54.exe`). Il est utile d'ajouter le répertoire contenant cet exécutable à la variable d'environnement PATH de votre système pour pouvoir l'exécuter depuis n'importe quelle invite de commandes.
  - **Scoop** : Si vous utilisez l'installateur en ligne de commande Scoop pour Windows : `scoop install lua`
  - **WSL (Sous-système Windows pour Linux)** : Si vous avez configuré WSL, vous pouvez suivre les instructions Linux dans votre environnement WSL.

Pour vérifier si Lua est installé et accessible depuis votre terminal ou invite de commandes, tapez simplement :

```
lua -v
```

S'il est installé correctement, vous devriez voir quelque chose comme :

```
Lua 5.4.6 Copyright (C) 1994-2023 Lua.org, PUC-Rio
```

(Le numéro de version exact peut différer, ce qui est généralement acceptable pour l'apprentissage.) Si vous obtenez une erreur comme "commande introuvable", revérifiez vos

étapes d'installation et assurez-vous que l'emplacement de Lua est dans le PATH de votre système.

Rencontre avec l'interpréteur Lua

La manière la plus simple d'interagir avec Lua est via son interpréteur interactif. Tapez simplement `lua` dans votre terminal ou invite de commandes et appuyez sur Entrée :

```
lua
```

Vous verrez à nouveau les informations de version de Lua, suivies d'une invite, généralement un simple signe supérieur à (>) :

```
Lua 5.4.6 Copyright (C) 1994-2023 Lua.org, PUC-Rio
> _
```

Maintenant, vous pouvez taper des commandes Lua directement, et Lua les exécutera immédiatement. Essayons le premier programme traditionnel :

```
> print("Bonjour depuis l'interpréteur !")
```

Appuyez sur Entrée, et Lua répond :

```
Bonjour depuis l'interpréteur !
> _
```

La fonction `print` affiche simplement ce que vous lui donnez (dans ce cas, la chaîne de caractères `"Bonjour depuis l'interpréteur !"`). Nous utiliserons beaucoup `print` pour voir les résultats.

Vous pouvez aussi faire des calculs rapides :

```
> 2 + 2
```

Sortie :

```
4
> _
```

Pour quitter l'interpréteur interactif, vous pouvez généralement taper `os.exit()` ou appuyer sur `Ctrl+Z` puis Entrée sous Windows, ou `Ctrl+D` sous Linux/macOS.

```
> os.exit()
```

Le mode interactif est idéal pour essayer de petits bouts de code ou explorer le fonctionnement des fonctions.

Exécuter des scripts Lua depuis des fichiers

Bien que l'interpréteur soit pratique pour des tests rapides, la plupart des programmes réels sont écrits dans des fichiers, souvent appelés scripts. Créons-en un.

1. Ouvrez un éditeur de texte brut (comme Notepad sous Windows, TextEdit sous macOS - en mode texte brut !, gedit sous Linux, VS Code, Sublime Text, etc.). **N'utilisez pas** un traitement de texte comme Microsoft Word, car ils ajoutent du formatage supplémentaire.

2. Tapez la ligne suivante dans l'éditeur :

```
print("Bonjour depuis mon premier script Lua !")
```

3. Enregistrez le fichier avec une extension `.lua`. Appelons-le `bonjour.lua`. Assurez-vous de savoir dans quel répertoire vous l'avez enregistré.

4. Ouvrez à nouveau votre terminal ou invite de commandes.

5. Naviguez jusqu'au répertoire où vous avez enregistré `bonjour.lua`. Utilisez la commande `cd` (change directory) pour cela. Par exemple, si vous l'avez enregistré dans un dossier `ProjetsLua` sur votre Bureau :

   - Linux/macOS : `cd ~/Desktop/ProjetsLua`
   - Windows : `cd %USERPROFILE%\Desktop\ProjetsLua` (Ajustez le chemin si nécessaire !)

6. Maintenant, dites à l'interpréteur Lua d'exécuter le fichier script :

```
lua bonjour.lua
```

Lua exécutera le code à l'intérieur du fichier, et vous devriez voir la sortie :

```
Bonjour depuis mon premier script Lua !
```

Vous venez d'écrire et d'exécuter votre premier script Lua ! Ce processus – écrire du code dans un fichier `.lua` et l'exécuter avec la commande `lua` – est la manière dont vous développerez la plupart de vos programmes Lua.

Résumé du chapitre

Dans ce chapitre, nous avons dévoilé l'essence de Lua – sa légèreté, sa vitesse et son intégrabilité, associées à une philosophie de simplicité et de portabilité. Nous avons remonté le temps jusqu'à ses origines pratiques au Brésil et constaté son utilisation répandue, en particulier dans le développement de jeux et les systèmes web haute performance. Plus important encore, vous avez réussi à configurer votre environnement Lua et à interagir avec lui à la fois via l'interpréteur et en exécutant votre tout premier fichier script.

Vous disposez maintenant des outils et du contexte de base. Dans le prochain chapitre, nous commencerons à construire votre vocabulaire Lua, en apprenant comment stocker des informations à l'aide de variables et en comprenant les types de données fondamentaux qui constituent les éléments de base de tout programme Lua. Commençons à parler à l'ordinateur !

2
Parler à votre ordinateur en Lua

Très bien, vous avez réussi à configurer votre environnement Lua au chapitre 1 et prouvé que vous pouviez exécuter du code Lua. Il est maintenant temps d'apprendre le langage lui-même – les mots et la grammaire que Lua comprend. Pensez-y comme apprendre la structure de base d'une phrase avant de pouvoir écrire une histoire. Dans ce chapitre, nous aborderons les règles essentielles pour écrire des instructions Lua, comment créer des conteneurs appelés **variables** pour conserver des informations, et les différents types d'informations, ou **types de données**, avec lesquels Lua peut travailler. Nous reviendrons également sur la fonction `print` que vous avez brièvement rencontrée, car c'est notre principal moyen de voir ce que fait notre code.

Les règles de base de la conversation Lua

Chaque langage, humain ou informatique, a des règles sur la façon dont les phrases (ou *instructions*, en termes de programmation) sont formées. Les règles de Lua sont conçues pour être simples et flexibles.

Écrire du code

Lua exécute le code une instruction à la fois, généralement une instruction par ligne. Une instruction simple peut consister à affecter une valeur à une variable ou à appeler une fonction.

```lua
-- Ceci est une instruction qui affiche du texte
print("Une instruction par ligne est courant")

-- Ceci est une autre instruction affectant une valeur
local message = "Re-bonjour !"
```

Vous *pouvez* mettre plusieurs instructions sur une seule ligne en les séparant par un point-virgule (;), mais ce n'est **pas** une pratique courante en Lua et rend généralement le code plus difficile à lire.

```lua
local x = 10; print(x) -- Fonctionne, mais moins lisible
```

La plupart des programmeurs Lua s'en tiennent à une instruction par ligne pour plus de clarté. Les points-virgules sont presque toujours optionnels à la fin d'une ligne.

Une règle cruciale : Lua est **sensible à la casse**. Cela signifie que maVariable est complètement différent de mavariable ou MaVariable. Soyez cohérent avec votre utilisation des majuscules et minuscules ! print fonctionne, mais Print ou PRINT provoquera une erreur.

Prendre des notes

Parfois, vous voulez laisser des notes dans votre code pour vous-même ou d'autres programmeurs. Ces notes, appelées **commentaires**, sont ignorées par l'interpréteur Lua. Elles sont purement destinées aux lecteurs humains.

Lua propose deux manières d'écrire des commentaires :

1. **Commentaires sur une seule ligne** : Commencez par deux tirets (--). Tout ce qui suit les -- jusqu'à la fin de la ligne est ignoré.

   ```lua
   -- Toute cette ligne est un commentaire.
   local score = 100 -- Cette partie est un commentaire expliquant le
   score.
   ```

2. **Commentaires multi-lignes** : Commencez par `--[[` et terminez par `]]`. Tout ce qui se trouve entre ces marqueurs est ignoré, même sur plusieurs lignes. C'est utile pour commenter de grands blocs de code temporairement ou pour écrire des explications plus longues.

```
--[[
Ceci est un commentaire multi-lignes.
Il peut s'étendre sur plusieurs lignes et est utile
pour des descriptions plus longues ou pour désactiver
temporairement une section de code.
local ancien_code = "ne pas exécuter ceci maintenant"
]]
print("Cette ligne s'exécutera.")
```

Astuce courante : Pour désactiver rapidement un bloc de commentaire multi-lignes, ajoutez simplement un tiret supplémentaire au début : `---[[ ... ]]`. Maintenant, la première ligne est un commentaire sur une seule ligne, et le bloc n'est plus considéré comme un commentaire multi-lignes par Lua. Supprimez le tiret supplémentaire pour le réactiver.

Espaces blancs et lisibilité

Les espaces blancs désignent les espaces, les tabulations et les lignes vides. Lua est assez flexible concernant les espaces blancs *entre* les éléments de votre code. `local x=10` fonctionne de la même manière que `local x = 10`.

Cependant, les espaces blancs *à l'intérieur* des noms ou des mots-clés ne sont évidemment pas autorisés (`localx` n'est pas la même chose que `local x`).

Plus important encore, **utilisez les espaces blancs de manière cohérente** pour rendre votre code lisible. Indenter les blocs de code (comme ceux à l'intérieur des boucles ou des instructions `if`, que nous verrons au chapitre 4) rend la structure claire. Les lignes vides peuvent séparer des blocs logiques de code. Bien que Lua ne *force* pas l'indentation, un code lisible est un code maintenable. La plupart du code Lua utilise des espaces (généralement 2 ou 4) pour l'indentation.

Stocker des informations

Imaginez que vous faites de la pâtisserie. Vous utilisez des bols pour contenir temporairement des ingrédients comme la farine ou le sucre. En programmation, vous utilisez des **variables** pour contenir des éléments d'information, comme le score d'un joueur, le nom d'un utilisateur ou le résultat d'un calcul.

Que sont les variables ?

Une variable est essentiellement un emplacement de stockage nommé dans la mémoire de l'ordinateur. Vous lui donnez un nom (une étiquette pour la boîte) et y mettez des données. Plus tard, vous pouvez utiliser le nom pour récupérer les données ou mettre des données différentes dans la boîte.

Créer des variables

Vous créez (ou *déclarez*) une variable et lui donnez sa valeur initiale à l'aide d'une **instruction d'affectation**, qui utilise le signe égal (=) :

```
local nomJoueur = "Alice"
local scoreActuel = 0
local vitesse = 5.5
local estPartieTerminee = false
```

Décomposons cela :

- `local` : Ce mot-clé est fortement recommandé ! Il déclare la variable comme **locale**, ce qui signifie qu'elle n'est accessible que dans le bloc de code courant (comme le fichier actuel, ou à l'intérieur d'une fonction - plus sur la portée au chapitre 5). Utiliser `local` aide à prévenir l'écrasement accidentel de variables utilisées ailleurs et constitue généralement une bonne pratique. Si vous omettez `local`, la variable devient **globale**, accessible partout, ce qui peut conduire à du code désordonné et à des bugs difficiles à trouver dans les grands projets. **Utilisez toujours `local` sauf si vous avez une raison spécifique de ne pas le faire.**
- `nomJoueur`, `scoreActuel`, `vitesse`, `estPartieTerminee` : Ce sont les **noms de variables** (les étiquettes sur nos boîtes).
- `=` : C'est l'**opérateur d'affectation**. Il prend la valeur à droite et la stocke dans la variable à gauche. Il ne signifie *pas* "est égal à" au sens mathématique (c'est ==, que nous verrons au chapitre 3).
- `"Alice"`, `0`, `5.5`, `false` : Ce sont les **valeurs** stockées dans les variables. Elles représentent différents types de données.

Vous pouvez modifier la valeur stockée dans une variable plus tard en lui affectant une nouvelle valeur :

```
local scoreActuel = 0
print(scoreActuel) -- Sortie : 0

scoreActuel = 100 -- Affecte une nouvelle valeur
print(scoreActuel) -- Sortie : 100

scoreActuel = scoreActuel + 50 -- Utilise la valeur actuelle dans un calcul
print(scoreActuel) -- Sortie : 150
```

Règles de nommage et bonnes habitudes

Choisir de bons noms de variables est important pour la lisibilité. Lua a des règles sur ce qui constitue un nom valide :

- Les noms peuvent être constitués de lettres (a-z, A-Z), de chiffres (0-9) et de traits de soulignement (_).
- Les noms **ne peuvent pas** commencer par un chiffre.
- Les noms sont **sensibles à la casse** (score est différent de Score).
- Certains mots, appelés **mots-clés** ou **mots réservés**, ont une signification spéciale en Lua et ne peuvent pas être utilisés comme noms de variables (par ex., local, function, if, then, end, while, for, nil, true, false). Votre éditeur de texte pourrait surligner ces mots différemment.

Bonnes habitudes pour le nommage :

- Choisissez des noms descriptifs : score_joueur est meilleur que sj ou x.
- Soyez cohérent : Si vous utilisez camelCase (comme nomJoueur), utilisez-le partout. Si vous préférez snake_case (comme nom_joueur), tenez-vous-en à cela. Les deux sont courants dans le monde Lua.
- Évitez les noms excessivement longs, mais la clarté est plus importante que la brièveté.

Les blocs de construction de Lua

Les variables stockent des données, mais quel *type* de données peuvent-elles stocker ? Lua dispose d'un ensemble de **types de données** fondamentaux. Chaque valeur en Lua appartient à l'un de ces types. Lua est un langage à **typage dynamique**, ce qui signifie que vous n'avez pas à déclarer le type d'une variable à l'avance ; le type est déterminé par la valeur qu'elle contient actuellement. Une variable peut contenir un nombre à un moment donné et une chaîne de caractères le suivant.

Lua a huit types de base :

1. nil : Ce type n'a qu'une seule valeur : nil. Il représente l'absence de valeur utile. Il est souvent utilisé pour indiquer "rien" ou "vide". Les variables auxquelles aucune valeur n'a encore été affectée auront la valeur nil. Affecter nil à une variable est aussi la manière dont vous pouvez la supprimer efficacement (la rendant disponible pour le ramasse-miettes, voir chapitre 13).

```
local variableVide -- Cette variable contient nil initialement
print(variableVide) -- Sortie : nil
variableVide = nil -- La définir explicitement à nil
```

2. boolean (booléen) : Ce type représente des valeurs logiques et n'a que deux valeurs possibles : true (vrai) et false (faux). Les booléens sont essentiels pour prendre des décisions dans votre code (en utilisant les instructions if, chapitre 4). Notez que ce sont des mots-clés et doivent être en minuscules.

```
local estPret = true
local aEchoue = false
```

3. number (nombre) : Ce type représente les valeurs numériques. Historiquement en Lua (jusqu'à 5.2), tous les nombres étaient des nombres à virgule flottante double précision (comme 3.14 ou 10.0). Depuis Lua 5.3, les nombres peuvent être *soit* des entiers 64 bits (nombres entiers comme 10, -5, 0) *soit* des nombres à virgule flottante double précision (3.14159). Lua gère la conversion entre eux automatiquement dans la plupart des cas. Vous n'avez généralement pas besoin de vous soucier de la distinction sauf si vous effectuez des opérations de très bas niveau.

```
local age = 30          -- Entier
local pi = 3.14159      -- Virgule flottante
local temperature = -5 -- Entier
```

4. string (chaîne de caractères) : Ce type représente des séquences de caractères – du texte. Vous définissez des chaînes en entourant le texte de guillemets simples (') ou doubles ("). Les deux fonctionnent de manière identique, vous permettant d'inclure facilement un type de guillemet dans une chaîne définie par l'autre.

```
local salutation = "Bonjour, Lua !"
```

```
local question = 'Quel est votre nom ?'
local citation = "Il a dit, 'Lua est simple !'"
```

Vous pouvez également créer des chaînes multi-lignes en utilisant des doubles crochets ([[et]]). Tout ce qui se trouve entre eux, y compris les nouvelles lignes, fait partie de la chaîne.

```
local histoireMultiLignes = [[
Il était une fois,
au pays du code,
il y avait Lua.
]]
```

Les chaînes en Lua sont **immuables**, ce qui signifie que vous ne pouvez pas changer un caractère dans une chaîne existante. Les opérations qui semblent modifier une chaîne (comme la concaténation, chapitre 3) créent en fait une *nouvelle* chaîne.

5. table : C'est le type de données le plus polyvalent et le plus puissant de Lua. Les tables sont la *seule* structure de données intégrée en Lua. Elles peuvent être utilisées pour représenter des tableaux (listes), des dictionnaires (maps ou tableaux associatifs), des objets, et plus encore. Une table est essentiellement une collection de paires clé-valeur. Nous consacrerons entièrement le **Chapitre 6** aux tables car elles sont fondamentales. Pour l'instant, reconnaissez simplement {} comme créant une table vide.

```
local monTableau = { 10, 20, 30 } -- Une table de type liste
local monEnregistrement = { nom = "Bob", age = 42 } -- Une table de type
dictionnaire
local tableVide = {}
```

6. function (fonction) : Les fonctions sont des blocs de code qui effectuent une tâche spécifique. En Lua, les fonctions sont des "valeurs de première classe", ce qui signifie qu'elles peuvent être stockées dans des variables, passées en arguments à d'autres fonctions et retournées comme résultats, tout comme les nombres ou les chaînes. Nous couvrirons les fonctions en détail au **Chapitre 5**.

```
local function direBonjour()
  print("Bonjour !")
end
```

```
local saluer = direBonjour -- Affecte la fonction à une autre variable
saluer() -- Appelle la fonction en utilisant la nouvelle variable
```

7. userdata : Ce type permet de stocker des données C arbitraires dans des variables Lua. Vous utilisez userdata pour représenter des données créées par du code C (en utilisant l'API C, voir chapitre 14) au sein de votre script Lua, en leur donnant souvent un comportement de type Lua à l'aide de métatables (chapitre 7). Vous rencontrez généralement ce type lorsque vous utilisez des bibliothèques écrites en C ou lorsque vous intégrez Lua.

8. thread (fil d'exécution) : Ce type représente un fil d'exécution indépendant et est utilisé pour les **coroutines** (chapitre 11). Les coroutines permettent le multitâche coopératif, vous permettant de mettre en pause et de reprendre des fonctions. Ne confondez pas cela avec les threads du système d'exploitation ; les coroutines Lua s'exécutent de manière coopérative au sein d'un seul thread du SE.

Vérifier les types avec `type()`

Parfois, vous avez besoin de savoir quel type de valeur une variable contient actuellement. Lua fournit la fonction intégrée `type()` pour cela. Elle prend un argument (la valeur ou la variable que vous voulez vérifier) et retourne une chaîne représentant son type.

```
local donnees = "Du texte"
print(type(donnees)) -- Sortie : string

donnees = 123
print(type(donnees)) -- Sortie : number

donnees = true
print(type(donnees)) -- Sortie : boolean

donnees = {}
print(type(donnees)) -- Sortie : table

donnees = nil
print(type(donnees)) -- Sortie : nil

donnees = print -- La fonction print elle-même est une valeur de type 'function'
print(type(donnees)) -- Sortie : function
```

Dire bonjour

Nous l'avons déjà utilisé plusieurs fois, mais regardons officiellement `print`. C'est une fonction intégrée conçue pour afficher des valeurs sur la console ou la sortie standard, principalement pour le débogage ou une sortie simple.

- Vous pouvez passer un ou plusieurs arguments à `print`, séparés par des virgules.
- `print` convertira chaque argument en sa représentation sous forme de chaîne.
- Il insère généralement une tabulation entre plusieurs arguments.
- Il ajoute automatiquement un caractère de nouvelle ligne à la fin, déplaçant le curseur à la ligne suivante pour la sortie subséquente.

```lua
local nom = "Zara"
local niveau = 5

print("Bienvenue !")              -- Sortie : Bienvenue !
print(nom, niveau)                -- Sortie : Zara    5 (avec une tabulation
entre)
print("Joueur :", nom, "Niveau :", niveau)
-- Sortie : Joueur : Zara    Niveau :        5 (tabulations entre les arguments)
```

`print` est votre fenêtre de base sur ce que fait votre script.

Votre premier programme

Combinons ce que nous avons appris dans un script légèrement plus structuré que celui du chapitre 1.

Créez un fichier nommé `infos_utilisateur.lua` et tapez ce qui suit :

```lua
-- infos_utilisateur.lua
-- Un script simple pour stocker et afficher des informations utilisateur

local nomUtilisateur = "ExplorateurCode"
local age = 28
local aAbonnement = true
local nbConnexions = 15

print("--- Profil Utilisateur ---")
print("Nom d'utilisateur :", nomUtilisateur)
print("Âge :", age)
print("Abonnement Actif :", aAbonnement)
```

```
print("Connexions Totales :", nbConnexions)

-- Changeons quelques données
age = age + 1 -- Joyeux anniversaire !
nbConnexions = nbConnexions + 1

print("--- Infos Mises à Jour ---")
print("Nouvel Âge :", age)
print("Nombre de Connexions Actuel :", nbConnexions)
print("La variable 'nomUtilisateur' est de type :", type(nomUtilisateur))
```

Enregistrez le fichier et exécutez-le depuis votre terminal :

```
lua infos_utilisateur.lua
```

Vous devriez voir une sortie similaire à celle-ci (les tabulations peuvent s'afficher comme des espaces variables) :

```
--- Profil Utilisateur ---
Nom d'utilisateur :    ExplorateurCode
Âge :  28
Abonnement Actif :     true
Connexions Totales :   15
--- Infos Mises à Jour ---
Nouvel Âge :   29
Nombre de Connexions Actuel :  16
La variable 'nomUtilisateur' est de type :         string
```

Ce script simple démontre :

- L'utilisation de commentaires pour l'explication.
- La déclaration de variables `local` pour stocker différents types de données (`string`, `number`, `boolean`).
- L'utilisation de l'opérateur d'affectation (=).
- L'utilisation de `print` pour afficher du texte et des valeurs de variables.
- La mise à jour des valeurs de variables.
- L'utilisation de `type()` pour vérifier le type de données d'une variable.

Résumé du chapitre

Dans ce chapitre, vous avez appris la grammaire fondamentale de Lua : comment les instructions sont structurées, l'importance de la sensibilité à la casse, et comment utiliser les commentaires. Vous avez été introduit aux variables comme des conteneurs nommés pour les données, en soulignant l'utilisation du mot-clé `local`. Nous avons passé en revue les huit types de données de Lua (`nil`, `boolean`, `number`, `string`, `table`, `function`, `userdata`, `thread`), en nous concentrant sur les plus courants et en notant ceux qui seront explorés plus en détail dans les chapitres suivants. Enfin, vous vous êtes exercé à utiliser `print` pour afficher des informations et avez combiné ces concepts dans un programme simple.

Maintenant que vous savez comment stocker des données, la prochaine étape est d'apprendre comment les manipuler. Au chapitre 3, nous plongerons dans les expressions et les opérateurs – les outils que Lua vous donne pour effectuer des calculs, faire des comparaisons et combiner des valeurs.

Calculs et comparaisons

3

Dans le chapitre précédent, nous avons appris à stocker différents types d'informations dans des variables. C'est un excellent début, mais les programmes ne se contentent rarement de stocker des données ; ils doivent les *traiter*. Ils effectuent des calculs, comparent des valeurs et prennent des décisions basées sur ces comparaisons. Pour ce faire, Lua utilise des **expressions** et des **opérateurs**. Considérez les opérateurs comme les verbes d'action de votre code – ils *font* des choses avec vos données. Les expressions sont comme des phrases ou des clauses où vous combinez données et opérateurs pour produire un résultat. Ce chapitre présente les opérateurs essentiels que vous utiliserez constamment dans votre parcours de programmation Lua.

Que sont les expressions ?

Fondamentalement, une **expression** est tout élément de votre code que Lua peut évaluer pour produire une valeur. Cela peut être quelque chose de très simple :

- Une valeur littérale : `10`, `"Bonjour"`, `true`
- Un nom de variable : `scoreActuel`, `nomJoueur` (qui s'évalue à la valeur stockée dans la variable)

De manière plus intéressante, les expressions impliquent souvent des **opérateurs** – des symboles spéciaux qui effectuent des opérations sur une ou plusieurs valeurs (appelées **opérandes**).

```
local score = 100
local bonus = 50

local scoreTotal = score + bonus -- 'score + bonus' est une expression
local estScoreEleve = scoreTotal > 1000 -- 'scoreTotal > 1000' est une
expression
local message = "Score : " .. scoreTotal -- '"Score : " .. scoreTotal' est une
expression
```

Quand Lua rencontre une expression, il calcule le résultat. Dans les exemples ci-dessus :

- `score + bonus` s'évalue à `150`.
- `scoreTotal > 1000` s'évalue à `false` (en supposant que `scoreTotal` est `150`).
- `"Score : " .. scoreTotal` s'évalue à la chaîne `"Score : 150"`.

Comprendre comment construire et évaluer des expressions est fondamental en programmation.

Faire des maths

Commençons par les opérateurs que vous reconnaissez probablement de vos cours de mathématiques. Lua fournit des opérateurs arithmétiques standards pour travailler avec les valeurs de type `number`.

Opérateur	Nom	Exemple	Résultat	Description
+	Addition	5 + 3	8	Additionne deux nombres
−	Soustraction	5 - 3	2	Soustrait le second nombre du premier
*	Multiplication	5 * 3	15	Multiplie deux nombres
/	Division	5 / 2	2.5	Divise le premier nombre par le second (résulte toujours en flottant depuis Lua 5.3)

^	Exponentiation	5 ^ 2	25	Élève le premier nombre à la puissance du second
%	Modulo	5 % 2	1	Retourne le reste d'une division
-	Moins unaire	-5	-5	Calcule l'opposé d'un nombre

```
local largeur = 10
local hauteur = 5
local surface = largeur * hauteur -- surface vaudra 50

local rayon = 3
local surfaceCercle = math.pi * (rayon ^ 2) -- utilisation de pi de la
bibliothèque math
-- surfaceCercle vaudra approximativement 28.27

local articles = 17
local tailleGroupe = 5
local reste = articles % tailleGroupe -- reste vaudra 2
```

Ordre des opérations

Que se passe-t-il quand vous combinez plusieurs opérateurs dans une expression, comme 3 + 5 * 2 ? Lua additionne-t-il d'abord (3+5=8, 8*2=16) ou multiplie-t-il d'abord (5*2=10, 3+10=13) ?

Comme en mathématiques standard, Lua suit un **ordre des opérations** (souvent mémorisé par des acronymes comme PEMDAS/BODMAS). Les opérateurs ont différents niveaux de **priorité** :

1. ^ (Exponentiation) - Priorité la plus élevée
2. - unaire (Négation)
3. *, /, % (Multiplication, Division, Modulo)
4. +, - (Addition, Soustraction) - Priorité la plus basse

Les opérateurs de même priorité sont généralement évalués de gauche à droite (sauf pour ^, qui est associatif à droite : 2^3^2 est 2^(3^2) = 2^9 = 512).

Donc, dans 3 + 5 * 2, la multiplication (*) a une priorité plus élevée que l'addition (+), donc 5 * 2 est calculé en premier (10), puis 3 + 10 est calculé, résultant en 13.

En cas de doute, ou pour outrepasser l'ordre par défaut, utilisez les **parenthèses** (). Les expressions entre parenthèses sont toujours évaluées en premier.

```
local resultat1 = 3 + 5 * 2   -- resultat1 vaut 13 (multiplication d'abord)
local resultat2 = (3 + 5) * 2 -- resultat2 vaut 16 (addition d'abord à cause des
parenthèses)
```

Utiliser des parenthèses même quand ce n'est pas strictement nécessaire peut souvent rendre votre code beaucoup plus clair et facile à comprendre.

Vérifier les relations

Souvent, vous devez comparer des valeurs. Deux valeurs sont-elles égales ? L'une est-elle plus grande que l'autre ? Les **opérateurs relationnels** effectuent ces comparaisons et produisent toujours un résultat boolean (true ou false).

Opérateur	Nom	Exemple	Résultat	Description
==	Égalité	5 == 5	1	Retourne true si les opérandes sont égaux
~=	Inégalité (Différent de)	5 ~= 3	1	Retourne true si les opérandes ne sont pas égaux
<	Inférieur à	5 < 3	0	Retourne true si l'opérande gauche est inférieur au droit
>	Supérieur à	5 > 3	1	Retourne true si l'opérande gauche est supérieur au droit
<=	Inférieur ou égal à	5 <= 5	1	Retourne true si gauche est inférieur ou égal à droite
>=	Supérieur ou égal à	5 >= 3	1	Retourne true si gauche est supérieur ou égal à droite

Piège crucial : Rappelez-vous que == (double égal) sert à la **comparaison**, tandis que = (simple égal) sert à l'**affectation**. Les confondre est une erreur de débutant très courante !

```
local monScore = 1500
local scoreMax = 2000
local tentatives = 3
local tentativesMax = 5

print(monScore == scoreMax)     -- Sortie : false
print(monScore ~= scoreMax)     -- Sortie : true
print(monScore > scoreMax)      -- Sortie : false
print(tentatives < tentativesMax) -- Sortie : true
print(tentatives >= 3)            -- Sortie : true
```

Vous pouvez comparer des nombres et des chaînes de caractères. La comparaison de chaînes se fait lexicographiquement (comme dans un dictionnaire, basée sur les codes des caractères).

```
print("pomme" > "banane") -- Sortie : true (b vient avant p dans l'ordre
alphabétique)
print("Zèbre" > "pomme")  -- Sortie : false (Z majuscule vient avant p
minuscule)
print("bonjour" == "bonjour") -- Sortie : true
print("Bonjour" == "bonjour") -- Sortie : false (sensible à la casse)
```

Comparer des valeurs de types *différents* en utilisant des opérateurs relationnels (autres que ~=) résulte généralement en false. L'égalité (==) ne retourne true que si les valeurs et les types sont identiques. L'inégalité (~=) retourne true si les types sont différents ou si les valeurs sont différentes au sein du même type.

```
print(10 == "10") -- Sortie : false (nombre vs chaîne)
print(10 ~= "10") -- Sortie : true
```

Faire des choix logiques

Parfois, vous devez combiner plusieurs conditions. Le score est-il élevé *et* reste-t-il des tentatives ? La partie est-elle terminée *ou* le joueur a-t-il quitté ? Les **opérateurs logiques** travaillent avec des valeurs booléennes (ou des valeurs interprétées comme booléennes) pour produire un résultat booléen.

Lua a trois opérateurs logiques : and, or, et not.

and

L'opérateur and retourne `true` seulement si ses opérandes gauche **et** droit sont considérés comme vrais. Si l'opérande gauche est faux (`false` ou `nil`), and n'évalue même pas l'opérande droit (c'est l'**évaluation court-circuitée**) car le résultat doit être faux de toute façon.

Une caractéristique spéciale du and de Lua est qu'il retourne le *premier* opérande s'il est faux (`false` ou `nil`), sinon il retourne le *second* opérande.

```
local aDuCarburant = true
local aUnMoteur = true
print(aDuCarburant and aUnMoteur) -- Sortie : true (retourne le second opérande)

local aLaCle = false
local estPorteVerrouillee = true
print(aLaCle and estPorteVerrouillee) -- Sortie : false (retourne le premier
opérande, aLaCle)

local score = 100
local vies = 0
print(vies > 0 and score > 1000) -- Sortie : false (vies > 0 est faux, le
retourne)
                                 -- 'score > 1000' n'est jamais évalué
```

or

L'opérateur or retourne `true` si **au moins un** de ses opérandes est considéré comme vrai. Si l'opérande gauche est vrai, or court-circuite et n'évalue pas l'opérande droit, car le résultat doit être vrai.

Le or de Lua retourne le *premier* opérande s'il est considéré comme vrai, sinon il retourne le *second* opérande. C'est souvent utilisé pour fournir des valeurs par défaut :

```
local estEnPause = false
local estPartieTerminee = true
print(estEnPause or estPartieTerminee) -- Sortie : true (estPartieTerminee est
vrai, retourné)

local aBonus = true
local estInvincible = false
print(aBonus or estInvincible) -- Sortie : true (aBonus est vrai, retourné)

-- Motif courant pour les valeurs par défaut :
```

```lua
local nomJoueur = nomDemande or "Invité"
-- Si nomDemande est nil ou false, nomJoueur devient "Invité".
-- Sinon, nomJoueur devient la valeur de nomDemande.
print(nomJoueur)
```

not

L'opérateur not est unaire (il ne prend qu'un seul opérande) et inverse simplement la valeur booléenne. Si l'opérande est vrai, not retourne false. Si l'opérande est faux (ou nil), not retourne true.

```lua
local estActive = true
print(not estActive) -- Sortie : false

local estVide = false
print(not estVide) -- Sortie : true

print(not nil) -- Sortie : true
print(not 0)   -- Sortie : false (voir la 'véracité' ci-dessous)
```

La 'véracité' (Truthiness) en Lua

C'est un concept clé ! Quand Lua attend une valeur booléenne (dans les instructions if, les boucles while, ou comme opérandes des opérateurs logiques), comment traite-t-il les valeurs d'autres types ?

La règle est simple : **En Lua, seuls false et nil sont considérés comme faux.** Tout le reste – les nombres (y compris 0), les chaînes (y compris la chaîne vide ""), les tables, les fonctions – est considéré comme **vrai** dans un contexte booléen. C'est différent de certains autres langages où 0 ou "" pourraient être traités comme faux.

```lua
if 0 then
  print("Zéro est considéré comme vrai en Lua !") -- Ceci sera affiché
end

if "" then
  print("La chaîne vide est considérée comme vraie en Lua !") -- Ceci sera
affiché
end

if {} then
```

```
    print("Une table vide est considérée comme vraie en Lua !") -- Ceci sera
affiché
end

if not nil then
  print("Not nil est vrai") -- Ceci sera affiché
end

if not false then
  print("Not false est vrai") -- Ceci sera affiché
end
```

Comprendre la véracité est vital pour utiliser correctement les opérateurs logiques et les structures de contrôle (Chapitre 4).

Travailler avec du texte

Comment joindre des chaînes de caractères ensemble ? Lua utilise l'opérateur de **concaténation**, représenté par deux points (..).

```
local prenom = "Ada"
local nom = "Lovelace"
local nomComplet = prenom .. " " .. nom -- Notez l'espace ajouté

print(nomComplet) -- Sortie : Ada Lovelace

local article = "potion"
local quantite = 3
local message = "Vous avez trouvé " .. quantite .. " " .. article .. "s !"

print(message) -- Sortie : Vous avez trouvé 3 potions !
```

Lua convertit automatiquement les nombres en chaînes lorsque vous essayez de les concaténer avec une chaîne, ce qui est très pratique.

Mesurer la longueur

Parfois, vous avez besoin de savoir quelle est la longueur d'une chaîne (combien de caractères elle contient) ou, comme nous le verrons au chapitre 6, combien d'éléments se trouvent dans la partie séquentielle d'une table. Lua fournit l'opérateur unaire de **longueur**, désigné par un symbole dièse (#).

```
local salutation = "Bonjour"
print(#salutation) -- Sortie : 7

local chaineVide = ""
print(#chaineVide) -- Sortie : 0

local phrase = "Lua est amusant !"
local lg = #phrase
print("La phrase a " .. lg .. " caractères.")
-- Sortie : La phrase a 17 caractères.
```

Note Importante : Pour les chaînes, # retourne le nombre d'**octets**, pas nécessairement le nombre de caractères, surtout lorsqu'on travaille avec des encodages de caractères multi-octets comme UTF-8. Pour le texte ASCII standard, les octets et les caractères sont identiques. Lua 5.3+ a introduit la bibliothèque `utf8` (Chapitre 12) pour gérer correctement le comptage des caractères UTF-8.

L'opérateur de longueur fonctionne aussi sur les tables utilisées comme tableaux (avec des clés entières séquentielles commençant à 1), mais nous explorerons cela en détail au chapitre 6. `#{}` s'évalue à 0.

Priorité des opérateurs revisitée

Nous avons discuté de la priorité pour les opérateurs arithmétiques, mais comment tous les opérateurs que nous avons appris interagissent-ils ? Voici un aperçu simplifié, de la priorité la plus élevée à la plus basse :

1. `^` (Exponentiation)
2. `not, #, -` (Opérateurs unaires : non logique, longueur, négation)
3. `*, /, %` (Multiplication, division, modulo)
4. `+, -` (Addition, soustraction)
5. `..` (Concaténation)
6. `<, >, <=, >=, ~=, ==` (Opérateurs relationnels)
7. `and` (Et logique)
8. `or` (Ou logique) - Priorité la plus basse

Exemple : `1 + 2 < 5 and #("salut") == 5`

1. Unaire `#`: `#("salut")` devient 5. Expression : `1 + 2 < 5 and 5 == 5`
2. Addition `+`: `1 + 2` devient 3. Expression : `3 < 5 and 5 == 5`
3. Relationnels `<` et `==` (évalués de gauche à droite au même niveau) :
   - `3 < 5` devient true. Expression : `true and 5 == 5`

- • 5 == 5 devient true. Expression : `true and true`

4. Logique and: `true and true` devient true. Résultat final : `true`.

Bien que connaître les règles de priorité soit utile, **utiliser des parenthèses () est souvent le meilleur moyen de garantir l'exactitude et d'améliorer la lisibilité.** Ne laissez pas les autres (ou votre futur vous) deviner l'ordre d'évaluation !

```lua
-- Moins clair :
local resultat = a + b * c ^ d > limite or not fini

-- Beaucoup plus clair :
local puissance = c ^ d
local produit = b * puissance
local somme = a + produit
local comparaison = somme > limite
local resultatFinal = comparaison or (not fini)
```

Même si vous ne le décomposez pas autant, les parenthèses aident :

```lua
local resultat = ((a + (b * (c ^ d))) > limite) or (not fini)
```

Résumé du chapitre

Dans ce chapitre, vous avez appris à manipuler les données à l'aide des opérateurs de Lua. Nous avons couvert les opérateurs arithmétiques (+, -, *, /, ^, %) pour les calculs, les opérateurs relationnels (==, ~=, <, >, <=, >=) pour les comparaisons, et les opérateurs logiques (and, or, not) pour combiner des conditions booléennes. Vous avez également appris à joindre des chaînes en utilisant l'opérateur de concaténation (..) et à trouver la longueur des chaînes (et bientôt, des tables) avec l'opérateur de longueur (#). Nous avons discuté de la priorité des opérateurs et de l'importance des parenthèses pour la clarté, ainsi que du concept crucial de **véracité** en Lua (seuls `nil` et `false` sont faux).

Ces expressions qui produisent des résultats `true` ou `false` sont la base pour contrôler le flux de vos programmes. Maintenant que vous pouvez évaluer des conditions, le prochain chapitre vous montrera comment utiliser les instructions `if` pour prendre des décisions et les boucles pour répéter des actions en fonction de ces conditions.

4

Prendre des décisions et répéter des tâches

Jusqu'à présent, les scripts Lua que nous avons écrits étaient comme suivre une route droite – ils exécutaient une instruction après l'autre, de haut en bas, sans déviation. Mais les tâches du monde réel impliquent souvent des choix et des répétitions. Pensez à donner des directions : "*Si* le feu de circulation est rouge, arrêtez-vous ; *sinon*, allez-y." Ou les instructions pour la pâtisserie : "*Répétez* le pétrissage de la pâte *jusqu'à* ce qu'elle soit lisse." La programmation a besoin de capacités similaires. Au chapitre 3, vous avez appris à créer des expressions qui s'évaluent à true ou false. Maintenant, nous utiliserons ces conditions pour construire des programmes capables de prendre des décisions en utilisant les **instructions** if et de répéter des actions en utilisant les **boucles** (while, repeat, et for). Ces **structures de contrôle de flux** sont ce qui rend les programmes dynamiques et intelligents.

Choisir des chemins

Imaginez que vous marchez sur un chemin et que vous arrivez à une bifurcation. Vous devez décider quelle direction prendre en fonction d'une condition (peut-être un panneau indicateur). L'instruction if est la manière dont Lua gère ces embranchements sur la route.

L'instruction if de base

L'instruction if la plus simple exécute un bloc de code *uniquement si* une condition spécifique est vraie (en se rappelant les règles de véracité de Lua du chapitre 3 : tout ce qui n'est pas false ou nil est considéré comme vrai).

La structure ressemble à ceci :

```lua
if condition then
    -- Code à exécuter si la condition est vraie
    -- Ceci est souvent appelé le bloc 'then'
end
```

- if : Le mot-clé qui commence le bloc conditionnel.
- condition : Une expression qui s'évalue à un booléen (true/false) ou une valeur traitée comme telle.
- then : Le mot-clé qui marque le début du bloc de code à exécuter si la condition est vraie.
- end : Le mot-clé qui marque la fin du bloc de l'instruction if. **Chaque if a besoin d'un end correspondant !**

Voyons cela en action :

```lua
local temperature = 30

if temperature > 25 then
  print("Il fait chaud aujourd'hui !")
  print("N'oubliez pas la crème solaire.")
end

print("Vérification météo terminée.") -- Cette ligne s'exécute quoi qu'il arrive
```

Sortie :

```
Il fait chaud aujourd'hui !
N'oubliez pas la crème solaire.
Vérification météo terminée.
```

Si nous changeons temperature à 15, la condition temperature > 25 devient false, et le code à l'intérieur du bloc then...end est entièrement sauté.

Sortie (si temperature = 15) :

Vérification météo terminée.

Ajouter des alternatives avec `else`

Et si vous voulez faire quelque chose de différent lorsque la condition est *fausse* ? Comme dire : "S'il pleut, prenez un parapluie ; sinon, portez des lunettes de soleil." Lua fournit le mot-clé `else` pour cela.

```
if condition then
   -- Code à exécuter si la condition est vraie
else
   -- Code à exécuter si la condition est fausse
end
```

Exemple :

```
local soldeCompte = 45.50
local coutArticle = 60.00

if soldeCompte >= coutArticle then
  print("Achat réussi !")
  soldeCompte = soldeCompte - coutArticle
else
  print("Fonds insuffisants.")
  print("Veuillez ajouter de l'argent à votre compte.")
end

print("Solde final :", soldeCompte)
```

Sortie :

```
Fonds insuffisants.
Veuillez ajouter de l'argent à votre compte.
Solde final : 45.5
```

Si `soldeCompte` était `100.00`, le bloc `then` s'exécuterait à la place.

Gérer plusieurs choix avec `elseif`

Parfois, vous avez plus de deux possibilités. Imaginez trier le courrier : *si* c'est une facture, mettez-la dans le dossier rouge ; *sinon si* c'est une lettre, mettez-la dans le dossier bleu ; *sinon si* c'est du courrier indésirable, mettez-le à la poubelle ; *sinon* (si ce n'est rien de tout cela), mettez-le sur le bureau. Lua utilise `elseif` (note : un seul mot !) pour ces conditions enchaînées.

```
if condition1 then
  -- Code pour condition1 vraie
elseif condition2 then
  -- Code pour condition1 fausse, mais condition2 vraie
elseif condition3 then
  -- Code pour 1 et 2 fausses, mais condition3 vraie
else
  -- Code si AUCUNE des conditions ci-dessus n'est vraie
end
```

Lua vérifie les conditions dans l'ordre. Dès qu'il trouve une condition vraie, il exécute le bloc correspondant puis saute le reste de la chaîne `elseif`/`else`, allant directement au `end` final. Le `else` final est optionnel ; s'il est omis, rien ne se passe si aucune des conditions `if`/`elseif` n'est vraie.

```
local note = 78

if note >= 90 then
  print("Note : A")
elseif note >= 80 then
  print("Note : B")
elseif note >= 70 then
  print("Note : C")
elseif note >= 60 then
  print("Note : D")
else
  print("Note : F")
end

print("Notation terminée.")
```

Sortie :

```
Note : C
Notation terminée.
```

Parce que `note >= 90` est faux, et `note >= 80` est faux, mais `note >= 70` est vrai, il affiche "Note : C" et saute les `elseif` et `else` restants.

Imbriquer des instructions if

Vous pouvez mettre des instructions if à l'intérieur d'autres instructions if. C'est ce qu'on appelle l'**imbrication**.

```
local estConnecte = true
local roleUtilisateur = "admin"

if estConnecte then
  print("Content de vous revoir !")
  if roleUtilisateur == "admin" then
    print("Accès au panneau d'administration accordé.")
  elseif roleUtilisateur == "editeur" then
    print("Vous pouvez modifier le contenu.")
  else
    print("Accès utilisateur standard.")
  end
else
  print("Veuillez vous connecter pour continuer.")
end
```

Sortie :

```
Content de vous revoir !
Accès au panneau d'administration accordé.
```

Bien que l'imbrication soit puissante, soyez prudent ! Trop de niveaux d'instructions if imbriquées peuvent rendre le code très difficile à lire et à comprendre. Parfois, restructurer votre code ou utiliser des fonctions (Chapitre 5) peut aider à simplifier une logique imbriquée complexe.

Se répéter

Souvent, vous devez effectuer la même action (ou une action similaire) plusieurs fois. Imaginez compter de 1 à 10, traiter chaque élément d'une liste ou attendre une entrée utilisateur. Au lieu d'écrire les mêmes lignes de code encore et encore, vous utilisez des **boucles**. Les boucles exécutent un bloc de code de manière répétée tant que (ou jusqu'à ce que) une certaine condition soit remplie.

La boucle `while`

La boucle `while` est peut-être le type de boucle le plus fondamental. Elle répète un bloc de code **tant que** une condition spécifiée reste vraie. La condition est vérifiée *avant* chaque exécution potentielle du corps de la boucle.

La structure est :

```
while condition do
   -- Code à répéter (corps de la boucle)
   -- IMPORTANT : Quelque chose à l'intérieur de la boucle devrait finir
   -- par rendre la condition fausse !
end
```

- `while` : Mot-clé commençant la boucle.
- `condition` : L'expression booléenne vérifiée avant chaque itération.
- `do` : Mot-clé marquant le début du corps de la boucle.
- `end` : Mot-clé marquant la fin du corps de la boucle.

Exemple : Compte à rebours

```
local compteARebours = 5

print("Lancement du compte à rebours...")
while compteARebours > 0 do
  print(compteARebours .. "...")
  compteARebours = compteARebours - 1 -- Étape cruciale ! Modifie la variable de
condition
end

print("Décollage !")
```

Sortie :

```
Lancement du compte à rebours...
5...
4...
3...
2...
1...
Décollage !
```

Piège crucial : Boucles infinies ! Que se passe-t-il si la condition d'une boucle while ne devient *jamais* fausse ? La boucle tournera indéfiniment (ou jusqu'à ce que vous arrêtiez manuellement le programme). C'est ce qu'on appelle une **boucle infinie** et c'est un bug courant.

```
local compteur = 0
while compteur < 5 do
    print("Ceci pourrait tourner indéfiniment !")
    -- OUPS ! Nous avons oublié d'incrémenter compteur. Il sera toujours 0.
    -- compteur = compteur + 1 -- Cette ligne manque !
end
-- Ce programme n'atteindra jamais ici sauf si vous l'arrêtez.
```

Assurez-vous toujours que quelque chose à l'intérieur du corps de votre boucle while provoquera éventuellement l'évaluation de la condition à false ou nil.

La boucle repeat...until

La boucle repeat...until est similaire à while, mais avec deux différences clés :

1. La condition est vérifiée *après* l'exécution du corps de la boucle.
2. La boucle continue *jusqu'à* ce que la condition devienne vraie (la logique inverse de while).

Cela signifie que le corps de la boucle est **toujours exécuté au moins une fois**.

La structure est :

```
repeat
    -- Code à répéter (corps de la boucle)
    -- Encore une fois, quelque chose devrait finir par rendre la condition vraie.
until condition
```

- repeat : Mot-clé commençant la boucle.
- until : Mot-clé marquant la fin du corps de la boucle et spécifiant la condition de sortie.
- condition : L'expression booléenne vérifiée *après* chaque itération. La boucle s'arrête quand celle-ci est true.

Exemple : Invite de menu simple

```
local choix
```

```
repeat
  print("\n--- MENU ---")
  print("1. Commencer la partie")
  print("2. Charger la partie")
  print("3. Quitter")
  print("Entrez votre choix :")
  -- Dans un programme réel, vous utiliseriez io.read() ici pour obtenir
l'entrée
  -- Pour cet exemple, simulons l'entrée :
  choix = 3 -- Simule l'utilisateur choisissant 'Quitter'
  print("L'utilisateur a choisi : " .. choix) -- Montre le choix simulé

  if choix < 1 or choix > 3 then
    print("Choix invalide, veuillez réessayer.")
  end

until choix >= 1 and choix <= 3 -- Boucle jusqu'à ce que choix soit valide (1, 2
ou 3)

print("Traitement du choix : " .. choix)
```

Sortie :

```
--- MENU ---
1. Commencer la partie
2. Charger la partie
3. Quitter
Entrez votre choix :
L'utilisateur a choisi : 3
Traitement du choix : 3
```

Parce que la condition `choix >= 1 and choix <= 3` est vérifiée *après* les instructions `print` et l'entrée simulée, le menu est toujours affiché au moins une fois. Si l'utilisateur entrait un choix invalide (par ex., 5), la condition serait fausse, et la boucle se `repeat` (répéterait).

La boucle `for` numérique

Quand vous savez exactement combien de fois vous voulez répéter quelque chose, ou que vous voulez itérer à travers une séquence de nombres, la boucle `for` numérique est souvent la solution la plus propre.

La structure est :

```
for variable = valeurDebut, valeurFin, valeurPas do
  -- Corps de la boucle
end
```

- **for** : Mot-clé commençant la boucle.
- **variable** : Une **nouvelle variable locale** créée juste pour cette boucle. Elle contient la valeur actuelle dans la séquence pendant chaque itération. Vous n'avez pas besoin de la déclarer avec `local` au préalable ; la boucle `for` le fait automatiquement.
- **valeurDebut** : La valeur initiale affectée à `variable`.
- **valeurFin** : La boucle continue tant que `variable` n'a pas dépassé cette valeur (en tenant compte du pas).
- **valeurPas** (Optionnel) : La quantité à ajouter à `variable` après chaque itération. S'il est omis, le pas par défaut est 1. Il peut être négatif pour compter à rebours.
- **do/end** : Marquent le corps de la boucle.

Exemple : Comptage croissant

```
print("Comptage croissant :")
for i = 1, 5 do -- Le pas est 1 par défaut
  print("i =", i)
end
```

Sortie :

```
Comptage croissant :
i = 1
i = 2
i = 3
i = 4
i = 5
```

Exemple : Compter à rebours avec un pas

```
print("Compte à rebours par 2 :")
for compte = 10, 0, -2 do -- Pas négatif explicite
  print("Compte :", compte)
end
```

Sortie :

```
Compte à rebours par 2 :
Compte : 10
Compte : 8
Compte : 6
Compte : 4
Compte : 2
Compte : 0
```

Notes Importantes :

- La variable de contrôle (i ou compte dans les exemples) est **locale** au corps de la boucle. Vous ne pouvez pas accéder à sa valeur finale après la fin de la boucle.
- Les valeurDebut, valeurFin et valeurPas sont évaluées **une seule fois** avant le début de la boucle. Changer les variables utilisées pour définir ces valeurs *à l'intérieur* de la boucle n'affectera pas le nombre d'itérations.

La boucle `for` générique (Un avant-goût)

Lua possède un autre type de boucle for, encore plus puissant, appelé la **for générique**. Cette boucle est conçue pour itérer sur les éléments d'une collection, le plus souvent une **table** (dans laquelle nous plongerons au **Chapitre 6**).

Bien que nous n'entrions pas encore dans tous les détails, vous la verrez souvent utilisée avec des **fonctions itératrices** comme pairs et ipairs pour parcourir le contenu d'une table.

Un rapide aperçu (ne vous inquiétez pas de tout comprendre pour l'instant) :

```
local couleurs = { "rouge", "vert", "bleu" }

print("Couleurs dans la liste :")
-- ipairs itère sur les clés entières (1, 2, 3...)
for indice, valeur in ipairs(couleurs) do
  print("Indice :", indice, "Valeur :", valeur)
end

local config = { largeur = 800, hauteur = 600, titre = "Mon Appli" }

print("\nParamètres de configuration :")
-- pairs itère sur toutes les paires clé-valeur (ordre non garanti)
for cle, val in pairs(config) do
  print("Clé :", cle, "Valeur :", val)
end
```

```
Couleurs dans la liste :
Indice : 1      Valeur : rouge
Indice : 2      Valeur : vert
Indice : 3      Valeur : bleu

Paramètres de configuration :
Clé : largeur   Valeur : 800
Clé : titre     Valeur : Mon Appli
Clé : hauteur   Valeur : 600
```

(Note : L'ordre de pairs *peut varier)*

La boucle for générique est incroyablement utile pour travailler avec les tables, la structure de données principale de Lua. Nous l'explorerons correctement lorsque nous apprendrons les tables au chapitre 6.

Changer le flux

Parfois, vous devez sortir d'une boucle plus tôt que sa condition normale ne le permettrait. Peut-être avez-vous trouvé l'élément spécifique que vous cherchiez, ou une erreur s'est produite.

Sortir prématurément

L'instruction break termine immédiatement la boucle while, repeat ou for la plus interne dans laquelle elle se trouve actuellement. L'exécution continue avec l'instruction qui suit immédiatement la boucle terminée.

```
local articles = { "pomme", "banane", "STOP", "orange", "raisin" }

print("Traitement des articles jusqu'à trouver STOP :")
for indice, article in ipairs(articles) do
  if article == "STOP" then
    print("Signal STOP trouvé à l'indice", indice)
    break -- Sortir immédiatement de la boucle 'for'
  end
  print("Traitement de l'article :", article)
  -- Un certain traitement aurait lieu ici
end

print("Boucle terminée ou interrompue.")
```

Sortie :

```
Traitement des articles jusqu'à trouver STOP :
Traitement de l'article : pomme
Traitement de l'article : banane
Signal STOP trouvé à l'indice 3
Boucle terminée ou interrompue.
```

Notez que "orange" et "raisin" n'ont jamais été traités car break a quitté la boucle lorsque "STOP" a été rencontré.

Contrôle avancé

Lua inclut une instruction goto, courante dans les langages plus anciens mais souvent découragée dans la programmation moderne. Elle vous permet de sauter inconditionnellement à un autre point de votre code marqué par une **étiquette** (label).

Que sont les étiquettes ?

Une étiquette est simplement un nom entouré de doubles deux-points ::.

```
::monEtiquette::
-- Du code ici
```

Utiliser goto

L'instruction goto saute alors directement l'exécution à l'étiquette spécifiée.

```
local compte = 0
::debutBoucle:: -- Définit une étiquette
compte = compte + 1
print("Compte :", compte)
if compte < 3 then
  goto debutBoucle -- Retourne à l'étiquette
end
print("Boucle terminée en utilisant goto.")
```

Sortie :

```
Compte : 1
Compte : 2
```

```
Compte : 3
Boucle terminée en utilisant goto.
```

Pourquoi `goto` peut être déroutant

Bien que l'exemple ci-dessus fonctionne, `goto` peut rendre le code extrêmement difficile à suivre, surtout dans les grands programmes. Sauter arbitrairement rompt le flux
normal d'exécution et peut conduire à ce qu'on appelle du "code spaghetti" – une
logique enchevêtrée et difficile à déboguer.

Généralement, vous devriez éviter `goto`. La plupart des tâches qui pourraient sem-
bler nécessiter `goto` peuvent être accomplies plus clairement en utilisant les boucles
standard (`while`, `repeat`, `for`), les instructions `if`, `break`, et des fonctions bien structurées (Chapitre 5).

Il existe de très rares situations spécifiques où `goto` pourrait être considéré comme la
solution la moins maladroite (comme sortir de boucles profondément imbriquées, ce
que `break` ne peut pas faire directement, ou implémenter des machines à états finis
complexes), mais ce sont des cas avancés. En tant que débutant, concentrez-vous
d'abord sur la maîtrise des structures de contrôle de flux standard. Si vous vous re-
trouvez à vouloir utiliser `goto`, prenez du recul et voyez s'il n'y a pas une manière plus
propre en utilisant `if`, les boucles ou les fonctions.

Résumé du chapitre

Dans ce chapitre, vous avez pris le contrôle du chemin d'exécution de vos programmes Lua. Vous avez appris à prendre des décisions en utilisant les instructions
`if`, `elseif` et `else`, permettant à votre code de réagir différemment en fonction des
conditions établies au chapitre 3. Vous avez également maîtrisé la répétition à l'aide de
boucles : la boucle `while` basée sur une condition préalable, la boucle `repeat...until`
qui s'exécute au moins une fois, et la boucle `for` numérique basée sur un compteur.
Nous avons eu un aperçu de la puissante boucle `for` générique (plus au chapitre 6 !)
pour itérer sur les collections. Nous avons vu comment `break` vous permet de sortir
prématurément des boucles et avons discuté de l'instruction `goto` avec une forte
recommandation de ne l'utiliser qu'avec une extrême prudence, voire pas du tout.

Ces structures de contrôle sont les outils fondamentaux pour créer de la logique. Vous
pouvez maintenant écrire des programmes qui font plus que simplement exécuter
des commandes en séquence. Souvent, le code que vous placez à l'intérieur de ces

blocs `if` et de ces boucles effectue une tâche spécifique et réutilisable. Dans le prochain chapitre, nous apprendrons comment empaqueter ces blocs de code réutilisables dans des **fonctions**, rendant nos programmes plus organisés, efficaces et plus faciles à gérer.

5

Fonctions

Dans le chapitre précédent, nous avons appris à contrôler le flux de nos programmes en utilisant les instructions if et les boucles. Au fur et à mesure que vos programmes grandissent, vous vous retrouverez souvent à devoir effectuer la même séquence d'actions à plusieurs endroits. Copier et coller du code fonctionne, mais c'est inefficace et sujet aux erreurs. Si vous trouvez un bug ou devez apporter une modification, vous devez le mettre à jour partout où vous l'avez collé ! Ne serait-il pas préférable d'écrire ce code *une seule fois* et de simplement l'appeler chaque fois que vous en avez besoin ? C'est précisément ce que les **fonctions** vous permettent de faire. Les fonctions sont des blocs de code nommés conçus pour effectuer une tâche spécifique. Elles sont les éléments de base fondamentaux pour organiser de plus grands programmes Lua, rendant votre code plus propre, plus facile à réutiliser et beaucoup plus simple à comprendre et à maintenir.

Que sont les fonctions ?

Pensez à une fonction comme à une recette de cuisine. Une recette a un nom (par ex., "Faire un gâteau au chocolat"), un ensemble d'ingrédients dont elle a besoin (paramètres), et une série d'étapes à suivre (le corps de la fonction). Lorsque vous voulez un gâteau au chocolat, vous "appelez" la recette, fournissez les ingrédients (arguments), et suivez les étapes pour obtenir un résultat (le gâteau, ou une valeur de retour).

En Lua, une fonction est un bloc de code que vous pouvez :

- **Nommer** : Pour pouvoir vous y référer facilement.
- **Appeler (ou invoquer)** : Pour exécuter le code qu'elle contient.
- **Lui passer des données** : En utilisant des **paramètres**.
- **En obtenir des données** : En utilisant des **valeurs de retour**.

Pourquoi s'embêter à envelopper du code dans des fonctions ?

- **Organisation** : Les fonctions décomposent les problèmes complexes en morceaux plus petits et gérables. Chaque fonction gère une partie spécifique de la tâche.
- **Réutilisabilité** : Écrivez le code une fois, appelez-le plusieurs fois depuis différentes parties de votre programme. Cela économise du temps et réduit les erreurs.
- **Abstraction** : Lorsque vous appelez une fonction, vous n'avez souvent pas besoin de savoir *comment* elle effectue sa tâche en interne, seulement *ce qu'elle fait*. Cela masque la complexité et rend votre code principal plus facile à lire. Par exemple, vous appelez print() sans avoir besoin de connaître les détails complexes de son interaction avec le système d'exploitation pour afficher du texte à l'écran.

Définir vos propres fonctions

Vous créez une fonction en Lua en utilisant le mot-clé function. La manière la plus courante ressemble à ceci :

```
function nomFonction(parametre1, parametre2, ...) -- Les paramètres sont
optionnels
    -- Bloc de code (le corps de la fonction)
    -- Ce code s'exécute lorsque la fonction est appelée.
    -- Il peut utiliser les paramètres qui lui sont passés.
    -- Il peut retourner une valeur en utilisant le mot-clé 'return'.
end
```

Décomposons cela :

- function : Le mot-clé qui signale le début d'une définition de fonction.
- nomFonction : Le nom que vous choisissez pour votre fonction. Il suit les mêmes règles de nommage que les variables (lettres, chiffres, traits de soulignement, ne peut pas commencer par un chiffre, sensible à la casse). Choisissez des noms descriptifs !

- (parametre1, parametre2, ...) : Une liste optionnelle de noms de **para-mètres**, séparés par des virgules, entre parenthèses. Les paramètres agissent comme des variables locales à l'intérieur de la fonction, recevant les valeurs passées lorsque la fonction est appelée. Si la fonction n'a besoin d'aucune entrée, vous utilisez simplement des parenthèses vides ().
- `-- Bloc de code` : La séquence d'instructions Lua qui constitue la tâche de la fonction. C'est le **corps de la fonction**.
- end : Le mot-clé qui marque la fin de la définition de la fonction.

Voici une définition de fonction simple :

```lua
-- Définit une fonction nommée 'saluer' qui prend un paramètre 'nom'
function saluer(nom)
  local message = "Bonjour, " .. nom .. " !"
  print(message)
end
```

Ce code *définit* la fonction saluer, mais il n'exécute pas encore le code qu'elle contient. C'est comme écrire la recette mais ne pas encore faire le gâteau.

Appeler des fonctions

Pour exécuter le code à l'intérieur d'une fonction, vous l'**appelez** en utilisant son nom suivi de parenthèses (). Si la fonction attend des arguments (des valeurs pour ses paramètres), vous les mettez à l'intérieur des parenthèses.

```lua
-- Appelle la fonction saluer, en passant la chaîne "Alice" comme argument
saluer("Alice")

-- Appelle-la à nouveau avec un argument différent
saluer("Bob")
```

Sortie :

```
Bonjour, Alice !
Bonjour, Bob !
```

Quand saluer("Alice") est appelé :

1. La valeur "Alice" (l'**argument**) est affectée au **paramètre** nom à l'intérieur de la fonction saluer.

2. Le code à l'intérieur de `saluer` s'exécute. La variable locale `message` devient `"Bonjour, Alice !"`.
3. `print(message)` affiche la salutation.

Passer des informations

Les paramètres et les arguments sont les deux faces d'une même pièce, liés à la manière dont les fonctions reçoivent des entrées.

- **Paramètres** : Ce sont les noms de variables listés entre les parenthèses dans la *définition de la fonction*. Ils agissent comme des espaces réservés pour les valeurs qui seront fournies lorsque la fonction sera appelée. Ils sont toujours `local` à la fonction.
- **Arguments** : Ce sont les valeurs réelles que vous passez *à* la fonction lorsque vous l'*appelez*.

```
-- Définition : 'largeur' et 'hauteur' sont des PARAMÈTRES
function calculerSurface(largeur, hauteur)
  local surface = largeur * hauteur
  print("La surface est :", surface)
end

-- Appel : 10 et 5 sont des ARGUMENTS
calculerSurface(10, 5)
```

Sortie :

```
La surface est : 50
```

Lua fait correspondre les arguments aux paramètres en fonction de leur **position**. Le premier argument va au premier paramètre, le deuxième argument au deuxième paramètre, et ainsi de suite.

- Si vous fournissez *moins* d'arguments que de paramètres, les paramètres supplémentaires reçoivent la valeur `nil`.
- Si vous fournissez *plus* d'arguments que de paramètres, les arguments supplémentaires sont simplement ignorés (sauf si la fonction est conçue pour gérer un nombre variable d'arguments, voir ci-dessous).

```
function afficherInfos(nom, age, ville)
  print("Nom :", nom, "Âge :", age, "Ville :", ville)
```

```lua
end

afficherInfos("Carlos", 30, "Le Caire", "Argument Supplémentaire") -- "Argument
Supplémentaire" ignoré
afficherInfos("Diana", 25) -- le paramètre ville devient nil
```

Sortie :

```
Nom :   Carlos  Âge :   30      Ville : Le Caire
Nom :   Diana   Âge :   25      Ville : nil
```

Obtenir des résultats

De nombreuses fonctions calculent un résultat que le code appelant doit utiliser. Afficher à l'intérieur de la fonction est utile pour l'affichage, mais souvent vous voulez que la fonction *retourne* une valeur. Cela se fait en utilisant le mot-clé `return`.

Quand Lua rencontre `return`, il quitte immédiatement la fonction et renvoie la ou les valeurs spécifiées à l'endroit où la fonction a été appelée.

```lua
function additionnerNombres(nb1, nb2)
  local somme = nb1 + nb2
  return somme -- Renvoie la somme calculée
  -- Le code après 'return' dans le même bloc ne sera PAS exécuté
  print("Cette ligne n'est jamais atteinte.")
end

-- Appelle la fonction et stocke la valeur retournée dans une variable
local resultat = additionnerNombres(5, 3)
print("Le résultat de l'addition est :", resultat)

-- Vous pouvez aussi utiliser la valeur retournée directement dans une
expression
local autreResultat = additionnerNombres(10, 20) * 2
print("Autre calcul :", autreResultat)
```

Sortie :

```
Le résultat de l'addition est : 8
Autre calcul : 60
```

Une fonction peut retourner sans valeur (return seul), ce qui équivaut à retourner nil. Si une fonction atteint son end sans rencontrer d'instruction return, elle retourne aussi implicitement nil.

Le pouvoir spécial de Lua

L'une des caractéristiques distinctives de Lua est que les fonctions peuvent facilement retourner **plusieurs valeurs**. Listez simplement les valeurs après le mot-clé return, séparées par des virgules.

```lua
function obtenirCoordonnees()
  local x = 100
  local y = 250
  return x, y -- Retourne deux valeurs
end

-- Affecte les valeurs retournées à plusieurs variables
local posX, posY = obtenirCoordonnees()
print("Position X :", posX)
print("Position Y :", posY)

-- Si vous fournissez moins de variables, les valeurs de retour supplémentaires
sont ignorées
local premiereValeur = obtenirCoordonnees()
print("Seulement obtenu la première valeur :", premiereValeur)

-- Si vous fournissez plus de variables, les variables supplémentaires
obtiennent nil
local val1, val2, val3 = obtenirCoordonnees()
print("Valeurs :", val1, val2, val3)
```

Sortie :

```
Position X :    100
Position Y :    250
Seulement obtenu la première valeur :  100
Valeurs :       100     250     nil
```

Cette capacité à retourner plusieurs valeurs est très pratique et évite souvent d'avoir à envelopper les résultats dans une table juste pour les retourner.

Fonctions flexibles

Et si vous vouliez créer une fonction qui puisse accepter *n'importe quel* nombre d'arguments ? Comme la fonction `print`, qui peut prendre un, deux ou plusieurs arguments. Lua fournit la fonctionnalité **varargs** en utilisant trois points (`...`) comme dernier paramètre dans la définition de la fonction.

```
function additionnerTout(...)
  local total = 0
  -- Les '...' représentent une liste d'arguments passés
  -- Nous pouvons les capturer dans une table en utilisant { ... }
  local args = { ... } -- Empaquette les arguments dans une table nommée 'args'

  -- Maintenant, nous pouvons itérer à travers la table (en utilisant 'for'
générique, Chapitre 6)
  for i, valeur in ipairs(args) do
    total = total + valeur
  end
  return total
end

local somme1 = additionnerTout(1, 2, 3)          -- Passe 3 arguments
local somme2 = additionnerTout(10, 20, 30, 40, 50) -- Passe 5 arguments
local somme3 = additionnerTout()                 -- Passe 0 argument

print("Somme 1 :", somme1) -- Sortie : Somme 1 : 6
print("Somme 2 :", somme2) -- Sortie : Somme 2 : 150
print("Somme 3 :", somme3) -- Sortie : Somme 3 : 0
```

À l'intérieur d'une fonction vararg, `...` se comporte un peu comme une liste. Vous pouvez :

- **Les empaqueter dans une table** : `{...}` crée une nouvelle table contenant tous les arguments variables. C'est souvent la manière la plus simple de travailler avec eux.
- **Utiliser** `select('#', ...)` : Ceci retourne le *nombre* d'arguments variables passés.
- **Utiliser** `select(n, ...)` : Ceci retourne le *n*-ième argument variable et tous les suivants.

```
function decrire(...)
  local nbArgs = select('#', ...)
  print("Nombre d'arguments :", nbArgs)
```

```
    if nbArgs > 0 then
      local premierArg = select(1, ...)
      print("Premier argument :", premierArg)
    end
    if nbArgs > 1 then
      local secondArg = select(2, ...)
      print("Second argument :", secondArg)
    end
end

decrire("pomme", true, 100)
```

Sortie :

```
Nombre d'arguments : 3
Premier argument : pomme
Second argument : true
```

Les arguments variables offrent une grande flexibilité pour les fonctions qui doivent gérer des entrées variables.

Où vivent les variables

Vous souvenez-vous du mot-clé `local` que nous avons souligné au chapitre 2 ? Son importance devient encore plus claire lorsque l'on travaille avec des fonctions. La **portée** (scope) fait référence à la région de votre code où une variable est accessible.

- **Variables globales** : Si vous déclarez une variable *sans* utiliser le mot-clé `local` (soit en dehors de toute fonction, soit à l'intérieur d'une), elle devient une variable **globale**. Les globales sont stockées dans une table cachée spéciale (appelée la table d'environnement, souvent `_G`) et sont accessibles depuis *n'importe où* dans l'ensemble de votre programme Lua (y compris à l'intérieur de n'importe quelle fonction).

  ```
  nomAppli = "Mon Appli Géniale" -- Variable globale (pas de 'local')

  function afficherNomAppli()
    print("Exécution de :", nomAppli) -- Accès à la variable globale
  end

  afficherNomAppli() -- Sortie : Exécution de : Mon Appli Géniale
  ```

Bien que facile à utiliser, l'utilisation excessive de variables globales est généralement une **mauvaise pratique**. Pourquoi ?

- **Conflits de noms** : Différentes parties de votre code (ou différents modules que vous utilisez) pourraient accidentellement utiliser le même nom de variable globale, écrasant les valeurs les unes des autres et causant des erreurs difficiles à déboguer.
- **Dépendances cachées** : Il est difficile de dire de quelles parties du code une fonction dépend si elle utilise de nombreuses globales.
- **Ramasse-miettes** : Les variables globales ne sont généralement jamais collectées automatiquement par le ramasse-miettes (Chapitre 13) car le programme conserve toujours une référence vers elles via la table globale.

- **Variables locales** : Les variables déclarées en utilisant le mot-clé `local` ont une **portée locale**. Leur visibilité est limitée au **bloc** de code où elles sont définies.

  - Un bloc est typiquement le code entre do et end, `then` et `end`, `function` et end, ou simplement le fichier entier (chunk).
  - Les paramètres d'une fonction sont également locaux à cette fonction.

```
local messageGlobal = "Je suis global (à ce fichier)"

function maFonction(param) -- 'param' est local à maFonction
  local varLocale = "Je suis locale à maFonction"
  print(varLocale)
  print(param)
  print(messageGlobal) -- Peut accéder aux locales des blocs englobants

  if param > 10 then
    local localeImbriquee = "Je suis locale au bloc 'if'"
    print(localeImbriquee)
  end
  -- print(localeImbriquee) -- ERREUR ! localeImbriquee n'est pas
visible ici
end

maFonction(15)
-- print(varLocale) -- ERREUR ! varLocale n'est pas visible ici
-- print(param)     -- ERREUR ! param n'est pas visible ici
print(messageGlobal) -- Ceci fonctionne
```

Préférez toujours les variables `local`. Elles rendent votre code plus propre, plus sûr et plus facile à raisonner. N'utilisez les globales que lorsque vous avez spécifiquement besoin d'un état largement partagé, et même dans ce cas, envisagez des alternatives comme passer des valeurs via les arguments de fonction ou les stocker dans des modules (Chapitre 10).

Les fonctions sont aussi des valeurs !

C'est un concept fondamental en Lua : **les fonctions sont des valeurs de première classe** (ou citoyens de première classe). Cela signifie que vous pouvez traiter les fonctions comme n'importe quel autre type de données (comme les nombres, les chaînes ou les tables) :

- **Affecter des fonctions à des variables :**

```
function direSalut()
  print("Salut !")
end

local fonctionSalutation = direSalut -- Affecte la fonction elle-même
fonctionSalutation() -- Appelle-la en utilisant le nouveau nom de
variable
-- Sortie : Salut !
```

Ceci est si courant que Lua fournit du sucre syntaxique pour cela. La définition standard `function foo() ... end` est équivalente à `local foo = function() ... end`. La seconde forme souligne que vous créez une fonction anonyme et l'affectez à une variable locale.

- **Stocker des fonctions dans des tables :**

```
local operations = {}
operations.ajouter = function(a, b) return a + b end
operations.soustraire = function(a, b) return a - b end

print(operations.ajouter(10, 5)) -- Sortie : 15
```

C'est fondamental pour la manière dont la programmation orientée objet est souvent réalisée en Lua (Chapitre 15).

- **Passer des fonctions comme arguments à d'autres fonctions (Callbacks) :**

```
function effectuerCalcul(a, b, operationMath)
```

```
  local resultat = operationMath(a, b) -- Appelle la fonction passée en
argument
  print("Résultat :", resultat)
end

function multiplier(x, y)
  return x * y
end

effectuerCalcul(7, 6, multiplier) -- Passe la fonction 'multiplier'
comme argument
-- Sortie : Résultat : 42

-- Passe une fonction anonyme directement :
effectuerCalcul(7, 6, function(x, y) return x / y end)
-- Sortie : Résultat : 1.1666666666667
```

- **Retourner des fonctions depuis d'autres fonctions :**

```
function creerSalutation(motSalutation)
  -- Retourne une NOUVELLE fonction
  return function(nom)
    print(motSalutation .. ", " .. nom .. " !")
  end
end

local direBonjour = creerSalutation("Bonjour")
local direSalut = creerSalutation("Salut")

direBonjour("Monde")  -- Sortie : Bonjour, Monde !
direSalut("Alice") -- Sortie : Salut, Alice !
```

Ce dernier exemple nous amène directement aux fermetures (closures).

La nature de première classe des fonctions rend Lua incroyablement flexible et puissant, permettant des motifs de programmation courants dans les langages de programmation fonctionnelle.

Comprendre les fermetures (Closures)

Les fermetures sont une conséquence directe du fait que les fonctions sont des valeurs de première classe et que Lua utilise la **portée lexicale**.

- **Portée lexicale (Lexical Scoping)** : Quand une fonction est définie, elle se souvient de l'environnement (l'ensemble des variables locales auxquelles elle peut accéder) d'où elle a été définie, et non d'où elle est appelée.
- **Fermeture (Closure)** : Une fermeture est une fonction combinée à l'environnement qu'elle a "capturé" lors de sa création. Cela signifie qu'une fonction peut toujours accéder aux variables locales de sa fonction *englobante*, même *après* que la fonction englobante ait terminé son exécution !

Revenons à l'exemple `creerSalutation` :

```
function creerSalutation(motSalutation) -- Fonction englobante
  -- 'motSalutation' est une variable locale de creerSalutation

  local fonctionDeSalutation = function(nom) -- Fonction interne
    -- Cette fonction interne peut accéder à 'motSalutation' depuis son
    -- environnement englobant, même après le retour de creerSalutation.
    print(motSalutation .. ", " .. nom .. " !")
  end

  return fonctionDeSalutation -- Retourne la fonction interne
end

local direBonjour = creerSalutation("Bonjour") -- motSalutation="Bonjour" est
capturé
local direSalut = creerSalutation("Salut") -- motSalutation="Salut" est capturé

-- Quand direBonjour est appelé, il se souvient encore que motSalutation était
"Bonjour"
direBonjour("Alice") -- Sortie : Bonjour, Alice !

-- Quand direSalut est appelé, il se souvient que motSalutation était "Salut"
direSalut("Bob") -- Sortie : Salut, Bob !
```

Chaque fonction retournée par `creerSalutation` (`direBonjour`, `direSalut`) est une **fermeture**. Elles empaquettent le code de la fonction *et* la valeur spécifique de `motSalutation` qui existait lors de leur création.

Les fermetures sont puissantes pour créer un état privé, construire des itérateurs, implémenter des callbacks avec contexte, et bien plus encore.

Voici un autre exemple classique de fermeture : une fabrique de compteurs.

```
function creerCompteur()
  local compte = 0 -- Cette variable locale sera capturée
  return function() -- Retourne la fermeture
```

```
        compte = compte + 1
        return compte
    end
end

local compteur1 = creerCompteur()
local compteur2 = creerCompteur()

print(compteur1()) -- Sortie : 1
print(compteur1()) -- Sortie : 2 (Utilise son propre 'compte')
print(compteur2()) -- Sortie : 1 (Utilise son propre 'compte' séparé)
print(compteur1()) -- Sortie : 3
```

Chaque fonction compteur maintient sa propre variable `compte` indépendante, capturée lors de son appel spécifique à `creerCompteur`.

Fonctions s'appelant elles-mêmes

La **récursivité** se produit lorsqu'une fonction s'appelle elle-même, soit directement, soit indirectement. C'est une manière de résoudre des problèmes en les décomposant en sous-problèmes plus petits et auto-similaires.

Chaque fonction récursive a besoin de deux parties :

1. **Cas de base** : Une ou plusieurs conditions qui arrêtent la récursion. Sans cas de base, la fonction s'appellerait indéfiniment, conduisant à une erreur de **dépassement de pile** (l'ordinateur manque de mémoire pour suivre les appels de fonction).
2. **Étape récursive** : La partie où la fonction s'appelle elle-même, généralement avec des arguments modifiés qui la rapprochent du cas de base.

Un exemple classique est le calcul de la factorielle d'un entier non négatif n (noté $n!$), qui est le produit de tous les entiers positifs jusqu'à n. ($0!$ est défini comme 1). $n! = n * (n-1)!$ pour $n > 0$ $0! = 1$ (Cas de base)

```
function factorielle(n)
    -- Cas de base : La factorielle de 0 est 1
    if n == 0 then
        return 1
    -- Étape récursive : n * factorielle(n-1)
    else
        return n * factorielle(n - 1)
    end
```

```
end

print(factorielle(5)) -- 5 * 4 * 3 * 2 * 1 = 120
-- Sortie : 120
print(factorielle(0)) -- Sortie : 1
-- print(factorielle(-1)) -- Erreur : dépassement de pile (pas de cas de base
pour les nombres négatifs)
```

Comment `factorielle(3)` fonctionne :

1. `factorielle(3)` appelle `factorielle(2)`, a besoin de `3 * resultat`
2. `factorielle(2)` appelle `factorielle(1)`, a besoin de `2 * resultat`
3. `factorielle(1)` appelle `factorielle(0)`, a besoin de `1 * resultat`
4. `factorielle(0)` atteint le cas de base, retourne 1.
5. `factorielle(1)` reçoit 1, retourne `1 * 1 = 1`.
6. `factorielle(2)` reçoit 1, retourne `2 * 1 = 2`.
7. `factorielle(3)` reçoit 2, retourne `3 * 2 = 6`.

La récursivité peut conduire à des solutions élégantes pour des problèmes qui ont une structure naturellement récursive (comme parcourir des structures de données en arbre). Cependant, elle peut parfois être moins efficace (en raison de la surcharge des appels de fonction) qu'une solution itérative utilisant des boucles. Assurez-vous toujours que votre fonction récursive a un cas de base clair !

Résumé du chapitre

Ce chapitre a présenté les fonctions, les bêtes de somme de l'organisation et de la réutilisation du code en Lua. Vous avez appris à définir des fonctions en utilisant `function...end`, à les appeler avec `()`, à passer des informations en utilisant des paramètres et des arguments, et à récupérer des résultats en utilisant `return`, y compris la capacité pratique de Lua à retourner plusieurs valeurs. Nous avons exploré les arguments variables (`...`) pour une entrée flexible. Le concept critique de la portée des variables (`local` vs. `global`) a été renforcé, soulignant pourquoi `local` est fortement préféré. Nous avons découvert la puissance des fonctions en tant que valeurs de première classe, permettant des motifs comme les callbacks et les fermetures – des fonctions qui se souviennent de leur environnement de création. Enfin, nous avons abordé la récursivité comme technique de résolution de problèmes où les fonctions s'appellent elles-mêmes.

Les fonctions nous permettent d'empaqueter le comportement. Souvent, ce comportement opère sur des données, ou les fonctions elles-mêmes sont traitées *comme* des données. La principale manière de structurer les données en Lua est d'utiliser des tables. Dans le prochain chapitre, nous plongerons en profondeur dans les tables, la structure de données remarquablement polyvalente et fondamentale de Lua.

6

Les tables

Préparez-vous pour la caractéristique la plus importante, la plus polyvalente et sans doute la plus ingénieuse de Lua : la **table**. Dans de nombreux autres langages de programmation, vous disposez d'outils distincts pour différents types de collections – des tableaux pour les listes ordonnées, des dictionnaires ou des maps pour les recherches clé-valeur, peut-être des ensembles ou d'autres structures. Lua adopte une approche radicalement simple : il fournit *une seule* structure de données fondamentale, la table, qui peut élégamment gérer tous ces rôles et plus encore. Comprendre les tables est la clé pour maîtriser Lua, car elles sont utilisées pour tout, des listes simples à la programmation orientée objet complexe (comme nous l'apercevrons au chapitre 15). Plongeons dans la manière de créer, manipuler et parcourir ces puissants conteneurs.

La structure unique pour les gouverner toutes

Alors, qu'est-ce qu'une table exactement ? En son cœur, une table est un **tableau associatif**. Vous pouvez la considérer comme un dictionnaire intelligent ou une collection de boîtes étiquetées. Chaque entrée dans une table se compose d'une **clé** et d'une **valeur**.

- **Clé (Key)** : L'étiquette ou l'indice que vous utilisez pour accéder à une entrée. En Lua, les clés peuvent être presque n'importe quelle valeur – nombres, chaînes, booléens, même d'autres tables ou fonctions (bien que `nil` ne puisse pas être utilisé comme clé).

- **Valeur (Value)** : La donnée stockée à cette clé. Les valeurs peuvent être de n'importe quel type Lua, y compris `nil` (bien que l'affectation de `nil` supprime effectivement la paire clé-valeur).

Cette structure simple clé-valeur permet aux tables de se comporter comme :

- **Tableaux/Listes (Arrays/Lists)** : En utilisant des entiers positifs consécutifs (1, 2, 3, ...) comme clés.
- **Dictionnaires/Maps/Hashes** : En utilisant des chaînes ou d'autres valeurs non entières comme clés.
- **Enregistrements/Structures (Records/Structs)** : En utilisant des clés de type chaîne descriptives (comme des noms de champs).
- **Objets (Objects)** : En stockant des données (champs) et des fonctions (méthodes), souvent combinées avec des métatables (Chapitre 7).
- **Ensembles (Sets)** : En stockant les éléments comme clés avec une valeur factice (comme `true`).

Cette unification simplifie énormément le langage mais nécessite que vous compreniez comment utiliser efficacement les tables dans différents contextes.

Créer des tables

Vous créez des tables en utilisant des **constructeurs de table**, désignés par des accolades {}.

La table vide

La table la plus simple est une table vide :

```
local conteneurVide = {}
print(type(conteneurVide)) -- Sortie : table
```

Constructeur de style liste

Pour créer une table qui se comporte comme une liste ou un tableau, vous pouvez lister les valeurs séparées par des virgules. Lua attribue automatiquement des clés entières positives commençant par 1 (c'est la convention standard en Lua – les indices commencent à 1, pas à 0 comme dans beaucoup d'autres langages).

```
local couleurs = { "rouge", "vert", "bleu" }
```

```
-- Équivalent à :
-- local couleurs = {}
-- couleurs[1] = "rouge"
-- couleurs[2] = "vert"
-- couleurs[3] = "bleu"

local nombres = { 10, 20, 30, 40, 50 }
```

Constructeur de style enregistrement

Pour créer une table qui se comporte comme un dictionnaire ou un enregistrement, vous spécifiez des paires clé-valeur en utilisant la syntaxe [clé] = valeur ou, pour les clés de type chaîne qui sont des identificateurs valides, le raccourci clé = valeur.

```
-- Utilisation de clés de type chaîne avec la syntaxe raccourcie
local joueur = { nom = "Alex", score = 1500, actif = true }
-- Équivalent à :
-- local joueur = {}
-- joueur["nom"] = "Alex"
-- joueur["score"] = 1500
-- joueur["actif"] = true

-- L'utilisation d'autres types de clés nécessite la syntaxe avec crochets
local descriptions = {
  [1] = "Premier article",
  ["couleur"] = "Orange",
  [true] = "Valeur associée à une clé booléenne",
  [{}] = "Valeur associée à une clé table" -- Utilisation d'une table vide comme
clé
}
```

La syntaxe clé = valeur est très courante pour créer des tables de type dictionnaire avec des clés de type chaîne.

Mélanger les styles

Vous pouvez mélanger les entrées de style liste et de style enregistrement dans le même constructeur :

```
local tableMixte = {
  "pomme",                      -- Clé implicite [1] = "pomme"
  "banane",                     -- Clé implicite [2] = "banane"
  compte = 2,                   -- Clé explicite ["compte"] = 2
```

```
    [10] = "Quelque chose à l'indice 10", -- Clé explicite [10] = ...
    typeFruit = "Tropical"              -- Clé explicite ["typeFruit"] = ...
}
```

Les constructeurs de table sont des expressions, ce qui signifie que vous pouvez les affecter directement à des variables, les passer à des fonctions ou les retourner depuis des fonctions.

Accéder aux éléments de la table

Une fois que vous avez une table, vous avez besoin d'un moyen d'en extraire des valeurs ou d'y insérer de nouvelles valeurs. Cela se fait en **indexant** la table à l'aide d'une clé.

Utilisation des crochets [ ]

La manière fondamentale d'indexer une table est d'utiliser les crochets []. À l'intérieur des crochets, vous placez la clé dont vous voulez accéder ou modifier la valeur. Cela fonctionne pour *n'importe quel* type de clé.

```
local couleurs = { "rouge", "vert", "bleu" }
local joueur = { nom = "Alex", score = 1500 }

-- Accéder aux valeurs
local premiereCouleur = couleurs[1] -- Accès via la clé entière 1
local nomJoueur = joueur["nom"] -- Accès via la clé chaîne "nom"

print(premiereCouleur) -- Sortie : rouge
print(nomJoueur)       -- Sortie : Alex

-- Modifier les valeurs
couleurs[2] = "vert foncé" -- Change la valeur à la clé 2
joueur["score"] = joueur["score"] + 100 -- Met à jour le score

print(couleurs[2])        -- Sortie : vert foncé
print(joueur["score"])    -- Sortie : 1600

-- Accéder avec une clé variable
local cleAcces = "nom"
print(joueur[cleAcces]) -- Sortie : Alex
```

Notation par point .

Pour plus de commodité, Lua offre la **notation par point** comme sucre syntaxique lorsque la clé est une **chaîne** qui suit les mêmes règles que les noms de variables Lua (lettres, chiffres, traits de soulignement, ne commençant pas par un chiffre, pas un mot-clé).

`nomTable.nomCle` est exactement équivalent à `nomTable["nomCle"]`.

```lua
local joueur = { nom = "Alex", score = 1500 }

-- Accès en utilisant la notation par point
local nomJoueur = joueur.nom
print(nomJoueur) -- Sortie : Alex

-- Modification en utilisant la notation par point
joueur.score = joueur.score + 50
print(joueur.score) -- Sortie : 1550

-- Ajout d'une nouvelle paire clé-valeur en utilisant la notation par point
joueur.niveau = 3
print(joueur.niveau) -- Sortie : 3
```

La notation par point est généralement préférée pour les tables de style enregistrement car elle est plus propre, mais rappelez-vous qu'elle **ne fonctionne que pour les clés de type chaîne qui sont des identificateurs valides**. Vous ne pouvez pas l'utiliser pour des clés numériques ou des clés de type chaîne contenant des espaces ou des caractères spéciaux.

```lua
local maTable = {}
maTable[1] = "Clé numérique"
maTable["clé avec espaces"] = "Clé chaîne avec espaces"

-- print(maTable.1) -- ERREUR DE SYNTAXE !
print(maTable[1]) -- Sortie : Clé numérique

-- print(maTable.clé avec espaces) -- ERREUR DE SYNTAXE !
print(maTable["clé avec espaces"]) -- Sortie : Clé chaîne avec espaces
```

Que se passe-t-il lorsqu'une clé n'existe pas ?

Si vous essayez d'accéder à une clé qui n'existe pas dans la table, Lua ne lève pas d'erreur. Au lieu de cela, l'expression s'évalue simplement à `nil`.

```
local donnees = { valeur = 10 }
print(donnees.valeur)  -- Sortie : 10
print(donnees.manquante) -- Sortie : nil
print(donnees[1])      -- Sortie : nil (la clé 1 n'existe pas)
```

Ce comportement est utile car vous pouvez l'utiliser pour vérifier l'existence d'une clé :

```
if donnees.paramOptionnel == nil then
  print("Paramètre optionnel non trouvé, utilisation de la valeur par défaut.")
  -- Utiliser une valeur par défaut
else
  print("Utilisation du paramètre optionnel fourni :", donnees.paramOptionnel)
end
```

Les tables comme tableaux (Listes/Séquences)

Bien que les tables puissent utiliser n'importe quelles clés, un cas d'utilisation courant et important est de les traiter comme des tableaux ou des listes en utilisant des clés entières consécutives commençant par 1.

```
local listeCourses = { "lait", "œufs", "pain" }
print(listeCourses[1]) -- Sortie : lait
print(listeCourses[3]) -- Sortie : pain
```

Ajouter des éléments aux séquences

Une tâche courante est d'ajouter un élément à la fin d'une séquence. Vous pouvez le faire en utilisant l'opérateur de longueur # (dont nous discuterons ensuite) pour trouver le prochain indice disponible :

```
local taches = { "Rédiger rapport", "Assister réunion" }
print(#taches) -- Sortie : 2

taches[#taches + 1] = "Appeler client" -- Ajoute à la fin (indice 3)
print(taches[3]) -- Sortie : Appeler client
print(#taches) -- Sortie : 3
```

(Il y a aussi table.insert, *couvert au Chapitre 12, qui est souvent plus clair pour cela).*

L'opérateur de longueur # revisité

Nous avons vu l'opérateur de longueur # utilisé avec les chaînes au chapitre 3. Il fonctionne également avec les tables, mais son comportement est spécifiquement défini pour les tables destinées à être utilisées comme **séquences** (tableaux avec des clés entières positives commençant par 1).

L'opérateur # retourne une clé entière n telle que t[n] n'est pas nil et t[n+1] est nil. Si la table est vide ou n'a pas de clé entière positive, il retourne 0. Essentiellement, il trouve le **dernier indice numérique** dans une séquence commençant à 1 *sans trous*.

```
local sequence = { 10, 20, 30, 40 }
print(#sequence) -- Sortie : 4

local vide = {}
print(#vide) -- Sortie : 0

local mixte = { 10, nom = "Bob", 30 }
print(#mixte) -- Sortie : 1 (Il trouve t[1] non nil, t[2] est nil)

local eparse = { [1] = "a", [10] = "b" }
print(#eparse) -- Sortie pourrait être 1 ou 0 ou 10 (comportement non fiable
ici)
```

Piège crucial : Les trous ! Si votre séquence a des "trous" – des valeurs nil affectées à des clés entières à l'intérieur de la séquence – le comportement de # devient **imprévisible** et pourrait ne pas vous donner le résultat attendu.

```
local aUnTrou = { "pomme", "banane", nil, "orange" }
-- aUnTrou[1] = "pomme", aUnTrou[2] = "banane", aUnTrou[3] = nil, aUnTrou[4] =
"orange"
print(#aUnTrou) -- Sortie : 2 (ou possiblement 4, selon la version/détails de
Lua)
                -- Il trouve t[2] non nil, mais t[3] EST nil, donc il pourrait
s'arrêter là.
```

Recommandation : Si vous utilisez une table comme un tableau/séquence et que vous comptez sur l'opérateur #, **évitez de mettre des valeurs nil à l'intérieur de la séquence.** Si vous devez supprimer un élément, utilisez table.remove (Chapitre 12), qui décale les éléments suivants pour garder la séquence dense.

Les tables comme dictionnaires (Maps, Tableaux associatifs)

La vraie puissance et flexibilité des tables Lua brillent lorsque vous les utilisez comme dictionnaires, associant des clés arbitraires à des valeurs. Les clés de type chaîne sont le choix le plus courant ici.

```lua
local infoFichier = {
  nom_fichier = "rapport.txt",
  taille_ko = 128,
  type = "text/plain",
  lecture_seule = false
}

print("Fichier :", infoFichier.nom_fichier)
print("Taille (ko) :", infoFichier.taille_ko)

infoFichier.lecture_seule = true -- Modifie une valeur
infoFichier.derniere_modif = os.time() -- Ajoute une nouvelle paire clé-valeur

print("Lecture seule :", infoFichier.lecture_seule)
```

Vous n'êtes pas limité aux chaînes ou aux nombres comme clés. Toute valeur Lua sauf nil (et NaN - Not a Number) peut être une clé :

```lua
local recherche = {}
local cleTable = { id = 1 }
local cleFonction = function() print("clé") end

recherche[cleTable] = "Valeur associée à cleTable"
recherche[cleFonction] = "Valeur associée à cleFonction"
recherche[true] = "Valeur associée à true"

print(recherche[cleTable]) -- Sortie : Valeur associée à cleTable
print(recherche[true])    -- Sortie : Valeur associée à true
```

Utiliser des tables ou des fonctions comme clés est moins courant que les chaînes ou les nombres mais démontre la flexibilité du mécanisme sous-jacent.

Parcourir les tables

Comment traiter *tous* les éléments d'une table sans connaître les clés à l'avance ? Lua fournit la **boucle for générique** combinée à des **fonctions itératrices**.

pairs(t)

La manière la plus courante d'itérer sur *toutes* les entrées d'une table (quel que soit le type de clé) est d'utiliser `pairs`. Elle retourne une fonction itératrice qui, à chaque étape de la boucle `for` générique, fournit la prochaine paire clé-valeur de la table.

Important : L'ordre dans lequel `pairs` visite les éléments n'est **pas spécifié** et peut changer entre les exécutions ou les versions de Lua. Ne comptez pas sur `pairs` pour vous donner les éléments dans un ordre particulier (surtout pas l'ordre dans lequel vous les avez définis !). C'est parce que les tables sont implémentées en interne à l'aide de tables de hachage pour l'efficacité.

```lua
local config = {
  largeur = 1920,
  hauteur = 1080,
  plein_ecran = true,
  titre = "Fenêtre de jeu"
}

print("Configuration :")
for cle, valeur in pairs(config) do
  -- 'cle' obtient la clé ("largeur", "hauteur", etc.)
  -- 'valeur' obtient la valeur correspondante (1920, 1080, etc.)
  print("  " .. tostring(cle) .. " : " .. tostring(valeur))
end
```

Sortie possible (L'ordre peut varier !) :

```
Configuration :
  hauteur : 1080
  largeur : 1920
  titre : Fenêtre de jeu
  plein_ecran : true
```

ipairs(t)

Si vous voulez spécifiquement itérer sur la partie tableau d'une table (clés 1, 2, 3, ...) **dans l'ordre**, vous devriez utiliser ipairs. Elle retourne un itérateur qui fournit l'indice (clé) et la valeur pour les clés entières 1, 2, 3, et ainsi de suite, s'arrêtant à la première clé entière qui n'est pas présente dans la table (c'est-à-dire le premier "trou").

```
local jours = { "Lundi", "Mardi", "Mercredi", "Jeudi", "Vendredi" }

print("Jours de la semaine :")
for indice, nomJour in ipairs(jours) do
  -- 'indice' obtient la clé entière (1, 2, 3, 4, 5)
  -- 'nomJour' obtient la valeur correspondante
  print(" Jour " .. indice .. " : " .. nomJour)
end

local sequenceMixte = { 10, 20, nil, 40, [1] = 5 } -- Note : [1]=5 écrase le
premier 10
print("\nSéquence mixte avec ipairs :")
for i, v in ipairs(sequenceMixte) do
    print(" Indice :", i, "Valeur :", v)
end
```

Sortie :

```
Jours de la semaine :
  Jour 1 : Lundi
  Jour 2 : Mardi
  Jour 3 : Mercredi
  Jour 4 : Jeudi
  Jour 5 : Vendredi

Séquence mixte avec ipairs :
 Indice : 1 Valeur : 5
 Indice : 2 Valeur : 20
```

Remarquez comment ipairs s'est arrêté à l'indice 2 car sequenceMixte[3] est nil. Il n'a pas vu la valeur 40 à l'indice 4.

Boucle for numérique avec #t

Pour une itération simple sur un tableau où vous savez que la séquence est dense (pas de trous nil), vous pouvez toujours utiliser la boucle for numérique combinée à l'opérateur de longueur #.

```
local notes = { 100, 95, 88, 72, 99 }
print("\nNotes avec for numérique :")
for i = 1, #notes do
  print(" Note " .. i .. " : " .. notes[i])
end
```

Sortie :

```
Notes avec for numérique :
 Note 1 : 100
 Note 2 : 95
 Note 3 : 88
 Note 4 : 72
 Note 5 : 99
```

C'est souvent légèrement plus efficace que ipairs pour une pure itération de tableau, mais souvenez-vous de la mise en garde concernant # et les trous. Généralement, ipairs est plus sûr si vous n'êtes pas certain que la séquence est dense.

Modifier les tables

Les tables sont dynamiques ; vous pouvez ajouter, modifier et supprimer des éléments après leur création.

Ajouter de nouvelles paires clé-valeur

Affectez simplement une valeur à une clé qui n'existe pas encore :

```
local personne = { nom = "Eva" }
personne.age = 25              -- Ajoute en utilisant la notation par point
personne["ville"] = "Londres" -- Ajoute en utilisant la notation par crochets
```

Modifier les valeurs existantes

Affectez une nouvelle valeur à une clé existante. L'ancienne valeur est écrasée.

```
local parametres = { volume = 80 }
parametres.volume = 95 -- Met à jour la valeur
```

Supprimer des éléments

Pour supprimer une paire clé-valeur d'une table, affectez `nil` à sa clé. Cela supprime effectivement l'entrée.

```
local inventaire = { arme = "épée", potion = 3, or = 150 }
print(inventaire.potion) -- Sortie : 3

inventaire.potion = nil -- Supprime l'entrée potion

print(inventaire.potion) -- Sortie : nil
print("\nInventaire restant (l'ordre peut varier) :")
for k, v in pairs(inventaire) do
  print(" ", k, v)
end
```

Sortie :

```
3
nil

Inventaire restant (l'ordre peut varier) :
   or 150
   arme épée
```

Affecter `nil` est la *seule* manière de vraiment supprimer une entrée d'une table. Définir `inventaire.potion = 0` changerait juste la valeur, sans supprimer la clé elle-même.

Pièges courants avec les tables

Les tables sont puissantes, mais quelques points piègent souvent les nouveaux venus :

1. **Les clés doivent être uniques** : Si vous affectez une valeur à une clé qui existe déjà, l'ancienne valeur est remplacée. Vous ne pouvez pas avoir deux entrées avec exactement la même clé.

2. `pairs` **vs** `ipairs` : Rappelez-vous que `pairs` est pour *toutes* les clés dans un *ordre non spécifié*, tandis que `ipairs` est pour la *séquence entière ordonnée* (1, 2, 3...). Utilisez le bon outil pour le travail.

3. **L'opérateur # et les trous/clés non séquentielles** : # ne fonctionne de manière fiable que pour les séquences (tableaux commençant à 1 sans valeurs `nil` au milieu). Ne l'utilisez pas en attendant le "nombre total d'éléments" dans une

table de type dictionnaire ; utilisez un comptage manuel avec `pairs` pour cela si nécessaire.

4. **Les tables sont des objets (Types référence)** : Lorsque vous affectez une variable de table à une autre variable, vous ne créez *pas* une copie de la table. Les deux variables finissent par pointer vers la *même* table en mémoire. Modifier la table via une variable affecte l'autre.

```
local t1 = { 10, 20 }
local t2 = t1 -- t2 référence maintenant la MÊME table que t1

t2[1] = 99 -- Modifie la table en utilisant t2

print(t1[1]) -- Sortie : 99 (t1 voit le changement car c'est la même
table)

-- Pour créer une copie indépendante, vous devez copier manuellement les
éléments :
local t3 = {}
for k, v in pairs(t1) do
  t3[k] = v
end
t3[1] = 111
print(t1[1]) -- Sortie : 99 (t1 n'est pas affecté par les changements de
la copie t3)
print(t3[1]) -- Sortie : 111
```

Comprendre ce comportement de référence est crucial.

Résumé du chapitre

Les tables sont la pierre angulaire de la structuration des données en Lua. Dans ce chapitre, vous avez appris à les créer en utilisant des constructeurs ({}, style liste, style enregistrement, mixte), comment accéder et modifier leurs éléments en utilisant les crochets ([]) et la notation par point (.), et comment `nil` signifie une clé manquante. Nous avons exploré l'utilisation des tables à la fois comme séquences indexées à partir de 1 (tableaux) et comme dictionnaires polyvalents (maps). Vous avez maîtrisé l'itération en utilisant la boucle `for` générique avec `pairs` (pour tous les éléments, non ordonnés) et `ipairs` (pour la séquence entière, ordonnée), et compris le comportement spécifique et les limitations de l'opérateur de longueur (#). Enfin, nous avons souligné les pièges courants comme la nature référence des tables et la différence entre `pairs` et `ipairs`.

Les tables fournissent la structure, mais leur comportement par défaut est assez basique. Et si vous vouliez définir ce qui se passe lorsque vous essayez d'additionner deux tables, ou de rechercher une clé qui n'existe pas ? Dans le prochain chapitre, nous débloquerons une couche de personnalisation puissante pour les tables : les **métatables**.

7

Métatables

Dans le chapitre précédent, nous avons établi que les tables sont l'outil ultime de structuration de données de Lua. Elles sont incroyablement flexibles, agissant comme des tableaux, des dictionnaires, et plus encore. Mais leur comportement par défaut est simple : vous stockez des paires clé-valeur, les récupérez, et c'est à peu près tout. Et si vous en vouliez plus ? Et si vous pouviez définir ce qui se passe lorsque vous essayez d'additionner deux tables représentant, disons, des vecteurs 2D ? Ou si vous vouliez qu'une table fournisse automatiquement une valeur par défaut lorsque vous essayez d'accéder à une clé qui n'existe pas ? Lua fournit une solution unique et élégante pour ce type de personnalisation : les **métatables**. Considérez les métatables comme un moyen d'attacher des instructions spéciales à une table, définissant comment elle devrait se comporter lors de certaines opérations, donnant ainsi à vos tables ordinaires des super-pouvoirs.

Au-delà des tables basiques

Imaginez que vous avez deux tables représentant des points dans un espace 2D :

```
local point1 = { x = 10, y = 20 }
local point2 = { x = 5,  y = 7  }
```

Ne serait-il pas agréable de pouvoir simplement écrire point1 + point2 pour obtenir un nouveau point représentant leur somme vectorielle ({ x = 15, y = 27 }) ? Si vous essayez cela en Lua standard, vous obtiendrez une erreur :

```
-- Ceci cause une erreur :
-- local somme = point1 + point2
-- ERREUR: attempt to perform arithmetic on a table value (local 'point1')
```

Lua ne sait pas intrinsèquement comment additionner des tables. De même, considérez l'accès aux données :

```
local defauts = { largeur = 800, hauteur = 600 }
local paramsUtilisateur = { hauteur = 768 }

-- Nous voulons que paramsUtilisateur.largeur retourne defauts.largeur si elle
n'est pas définie
print(paramsUtilisateur.largeur) -- Sortie : nil (Comportement par défaut de
Lua)
```

Nous voulons que paramsUtilisateur.largeur se rabatte magiquement sur defauts.largeur si elle n'existe pas directement dans paramsUtilisateur.

Ce sont les types de situations où les métatables brillent. Elles vous permettent d'intercepter des opérations comme l'addition (+), l'indexation (table[cle]), l'affectation (table[cle] = valeur), et d'autres, et de fournir votre propre logique personnalisée.

Qu'est-ce qu'une métatable ?

Une métatable est, tout simplement, **juste une autre table Lua**. Ce qui la rend spéciale, c'est son *objectif*. Vous associez cette métatable à votre table d'origine, et Lua cherchera à l'intérieur de la métatable des **clés** spécifiques (appelées **métaméthodes**) lorsque certaines opérations sont effectuées sur la table d'origine. Les *valeurs* associées à ces clés de métaméthodes sont typiquement des **fonctions** qui implémentent le comportement personnalisé.

Pensez-y comme ceci : Votre table de données est l'objet lui-même. La métatable est comme un manuel d'instructions attaché à cet objet. Quand Lua essaie de faire quelque chose d'inhabituel avec l'objet (comme l'additionner à un autre objet), il consulte le manuel d'instructions (métatable) pour une instruction spécifique (métaméthode) sur la façon de procéder.

Les fonctions `setmetatable` et `getmetatable`

Lua fournit deux fonctions principales pour travailler avec les métatables :

1. `setmetatable(table, metatable)` : Cette fonction attache la `metatable` (qui doit être une table ou `nil`) à la `table`. Elle retourne également la `table` originale, permettant le chaînage. Si la table originale avait déjà une métatable avec un champ `__metatable`, `setmetatable` lèvera une erreur (c'est un mécanisme de protection, empêchant la modification facile des métatables sur lesquelles d'autres pourraient compter).

    ```lua
    local mesDonnees = { valeur = 10 }
    local maMeta = { instruction_speciale = "Manipuler avec soin" }

    setmetatable(mesDonnees, maMeta)

    -- Maintenant 'mesDonnees' a 'maMeta' associée à elle.
    ```

2. `getmetatable(table)` : Cette fonction retourne la métatable associée à la table donnée, ou `nil` si elle n'en a pas. Si la métatable elle-même a un champ `__metatable`, `getmetatable` retournera la valeur de ce champ au lieu de la métatable réelle (encore une fois, un mécanisme de protection).

    ```lua
    local laMeta = getmetatable(mesDonnees)
    if laMeta then
      print(laMeta.instruction_speciale) -- Sortie : Manipuler avec soin
    else
      print("Aucune métatable trouvée.")
    end
    ```

Métaméthodes

La vraie magie se produit à l'intérieur de la métatable. Les clés à l'intérieur de la métatable que Lua reconnaît sont appelées **métaméthodes**. Ces noms commencent toujours par deux traits de soulignement (`__`). Lorsque vous effectuez une opération sur une table qui a une métatable, Lua vérifie si la métatable contient la clé de métaméthode correspondante. Si c'est le cas, Lua appelle la fonction associée à cette clé (ou utilise la valeur d'autres manières, comme nous le verrons avec `__index` et `__newindex`).

Voici quelques-unes des métaméthodes les plus importantes :

Surcharger les opérateurs

Cela vous permet de changer la signification des opérateurs standards lorsqu'ils sont appliqués à vos tables.

Métaméthodes arithmétiques

Elles sont appelées lorsque des opérateurs arithmétiques sont utilisés sur des tables ayant des métaméthodes correspondantes dans leurs métatables. La valeur associée doit être une fonction qui prend deux arguments (les opérandes) et retourne le résultat.

- `__add(a, b)` : Pour l'opérateur +.
- `__sub(a, b)` : Pour l'opérateur -.
- `__mul(a, b)` : Pour l'opérateur *.
- `__div(a, b)` : Pour l'opérateur /.
- `__mod(a, b)` : Pour l'opérateur %.
- `__pow(a, b)` : Pour l'opérateur ^.
- `__unm(a)` : Pour l'opérateur - unaire (négation).

Exemple : Addition de vecteurs

```
local Vecteur = {} -- Agit comme une 'classe' ou prototype simple pour nos
vecteurs
Vecteur.__index = Vecteur -- Nous expliquerons ceci bientôt, nécessaire pour les
appels de méthode

function Vecteur:new(x, y)
  local instance = { x = x, y = y }
  return setmetatable(instance, Vecteur) -- Attache la métatable à la création
end

-- La fonction métaméthode __add
function Vecteur.__add(vec1, vec2)
  -- S'assurer que les deux opérandes sont des vecteurs (ou compatibles) -
vérification omise pour la brièveté
  local nouveauX = vec1.x + vec2.x
  local nouveauY = vec1.y + vec2.y
```

```lua
    return Vecteur:new(nouveauX, nouveauY) -- Retourne un *nouveau* vecteur
end

-- Ajoutons un moyen d'afficher joliment les vecteurs plus tard : __tostring
function Vecteur:__tostring()
    return "Vecteur(" .. self.x .. ", " .. self.y .. ")"
end

local v1 = Vecteur:new(10, 20)
local v2 = Vecteur:new(5, 7)

local vSomme = v1 + v2 -- Lua voit '+', trouve la métatable de v1, appelle
Vecteur.__add(v1, v2)

print(vSomme) -- Sortie : Vecteur(15, 27) (en utilisant le __tostring que nous
ajouterons plus tard)
```

Métaméthodes relationnelles

Celles-ci gèrent les opérateurs de comparaison. Contrairement aux métaméthodes arithmétiques, Lua n'a besoin que de définitions pour l'égalité (__eq), inférieur à (__lt), et inférieur ou égal (__le). Si vous essayez a > b, Lua le convertit en b < a (utilisant __lt). Si vous essayez a >= b, cela devient b <= a (utilisant __le). Si vous essayez a ~= b, cela devient not (a == b) (utilisant __eq).

- __eq(a, b) : Pour l'opérateur ==. Retourne true ou false. Point crucial, si __eq est définie, Lua n'utilisera *pas* sa comparaison de référence par défaut pour les tables ; il se fie uniquement à votre fonction.
- __lt(a, b) : Pour l'opérateur <. Retourne true ou false.
- __le(a, b) : Pour l'opérateur <=. Retourne true ou false.

Exemple : Égalité simple d'ensembles (vérifier si deux ensembles ont les mêmes éléments)

```lua
-- (Supposons qu'Ensemble est une table avec les éléments comme clés, valeur =
true)
local MetaEnsemble = {}
function MetaEnsemble.__eq(ensemble1, ensemble2)
  -- 1. Vérifier si les tailles sont différentes (en utilisant une approche
hypothétique #ensemble)
  -- (Nous verrons comment personnaliser # en utilisant __len plus tard)
  local taille1 = 0; for _ in pairs(ensemble1) do taille1 = taille1 + 1 end
  local taille2 = 0; for _ in pairs(ensemble2) do taille2 = taille2 + 1 end
```

```
  if taille1 ~= taille2 then return false end

  -- 2. Vérifier si chaque élément dans ensemble1 est aussi dans ensemble2
  for cle, _ in pairs(ensemble1) do
    if not ensemble2[cle] then -- Si la clé de ensemble1 n'est pas trouvée dans
ensemble2
      return false
    end
  end
  -- (Techniquement pas besoin de vérifier dans l'autre sens à cause des tailles
égales)
  return true
end

local e1 = { pomme = true, banane = true }
setmetatable(e1, MetaEnsemble)
local e2 = { banane = true, pomme = true }
setmetatable(e2, MetaEnsemble)
local e3 = { pomme = true, cerise = true }
setmetatable(e3, MetaEnsemble)

print(e1 == e2) -- Sortie : true (Appelle MetaEnsemble.__eq)
print(e1 == e3) -- Sortie : false (Appelle MetaEnsemble.__eq)
print(e1 == { pomme = true, banane = true }) -- Sortie : false (L'autre table
n'a pas de métatable)
```

Métaméthode de concaténation

- __concat(a, b) : Pour l'opérateur .. (concaténation). Généralement utilisé pour définir comment combiner deux tables (souvent des séquences) en une seule.

```
local MetaListe = {}
function MetaListe.__concat(liste1, liste2)
  local nouvelleListe = {}
  -- Copie les éléments de liste1
  for i=1, #liste1 do nouvelleListe[#nouvelleListe + 1] = liste1[i] end
  -- Copie les éléments de liste2
  for i=1, #liste2 do nouvelleListe[#nouvelleListe + 1] = liste2[i] end
  return setmetatable(nouvelleListe, MetaListe) -- Retourne une nouvelle liste
end

local l1 = { 10, 20 }
setmetatable(l1, MetaListe)
local l2 = { 30, 40, 50 }
```

```
setmetatable(l2, MetaListe)

local combinee = l1 .. l2 -- Appelle MetaListe.__concat(l1, l2)
print(table.concat(combinee, ", ")) -- Sortie : 10, 20, 30, 40, 50
```

Contrôler l'accès aux tables

C'est peut-être l'utilisation la plus fréquente et la plus puissante des métatables, définissant ce qui se passe lorsque vous essayez de lire ou d'écrire des clés qui n'existent pas directement dans la table.

La métaméthode `__index`

Lorsque vous essayez d'accéder à `table[cle]` et que `cle` n'est **pas** présente dans `table`, Lua vérifie si `table` a une métatable avec un champ `__index`.

Il y a deux possibilités pour la valeur `__index` :

1. `__index` **fait référence à une autre table** : Si `metatable.__index` est elle-même une table, Lua **répète la recherche** de `cle` à l'intérieur de *cette seconde table*.

   ```
   local defauts = { arriere_plan = "bleu", taille_police = 12 }
   local prefsUtilisateur = { taille_police = 14 }

   -- Fait en sorte que prefsUtilisateur cherche les clés manquantes dans
   'defauts'
   setmetatable(prefsUtilisateur, { __index = defauts })

   print(prefsUtilisateur.taille_police)    -- Sortie : 14 (Trouvé
   directement dans prefsUtilisateur)
   print(prefsUtilisateur.arriere_plan) -- Sortie : bleu (Pas dans
   prefsUtilisateur, Lua vérifie metatable.__index)
                                        --        (Il cherche "arriere_plan"
   dans la table 'defauts')
   print(prefsUtilisateur.marge)         -- Sortie : nil (Pas dans
   prefsUtilisateur, pas dans defauts)
   ```

   C'est le mécanisme fondamental utilisé pour implémenter l'**héritage** et les prototypes en Lua (un aperçu du chapitre 15). Un "objet" (comme `prefsUtilisateur`) peut hériter des propriétés et méthodes de sa "classe" ou "prototype" (comme `defauts`).

2. `__index` **fait référence à une fonction** : Si `metatable.__index` est une fonction, Lua appelle cette fonction avec deux arguments : la table originale (`table`) et la clé qui était accédée (`cle`). La valeur retournée par cette fonction devient le résultat de l'accès original `table[cle]`.

```lua
local depotDonnees = {}
local meta = {}

function meta.__index(table, cle)
  print(">> Accès à la clé manquante :", cle)
  if type(cle) == "string" and cle:sub(1, 4) == "calc" then
    -- Exemple : Calcule la valeur à la volée pour les clés commençant
par "calc"
    local num = tonumber(cle:sub(5)) -- Obtient le nombre après "calc"
    if num then return num * 10 end
  end
  -- Sinon, retourne une valeur par défaut
  return "Valeur par défaut"
end

setmetatable(depotDonnees, meta)

depotDonnees.existante = 100
print(depotDonnees.existante) -- Sortie : 100 (Trouvé directement)
print(depotDonnees.manquante)  -- Sortie : >> Accès à la clé manquante :
manquante
                           --          Valeur par défaut
print(depotDonnees.calc5)     -- Sortie : >> Accès à la clé manquante :
calc5
                           --          50
```

Utiliser une fonction pour `__index` permet une logique complexe comme le chargement paresseux (lazy loading), les propriétés calculées, ou fournir des valeurs par défaut dynamiques.

La métaméthode `__newindex`

Lorsque vous essayez d'affecter une valeur `table[cle] = valeur` et que `cle` n'est **pas** déjà présente dans `table`, Lua vérifie si `table` a une métatable avec un champ `__newindex`.

Comme `__index`, il y a deux possibilités :

1. `__newindex` **fait référence à une autre table** : Si `metatable.__newindex` est une table, l'affectation `table[cle] = valeur` est **redirigée** et effectuée sur *cette seconde table* au lieu de l'originale. La `table` originale reste inchangée.

```
local original = { nom = "Original" }
local tableLog = {} -- Nous stockerons les nouvelles affectations ici
local meta = { __newindex = tableLog }
setmetatable(original, meta)

original.nom = "Original Modifié" -- La clé "nom" existe, affecte
directement 'original'
original.nouvelleCle = 123        -- La clé "nouvelleCle" N'EXISTE PAS,
utilise __newindex
                                  -- L'affectation va à 'tableLog' à la
place

print(original.nom)        -- Sortie : Original Modifié
print(original.nouvelleCle) -- Sortie : nil (Elle n'a pas été ajoutée à
'original')

print(tableLog.nouvelleCle) -- Sortie : 123 (Elle a été ajoutée à
'tableLog')
```

2. `__newindex` **fait référence à une fonction** : Si `metatable.__newindex` est une fonction, Lua appelle cette fonction avec trois arguments : la table originale (`table`), la clé affectée (`cle`), et la valeur affectée (`valeur`). Cela vous permet de contrôler complètement le comportement d'affectation.

Exemple : Table en lecture seule

```
local donneesLectureSeule = { config = "A" }
local metaLectureSeule = {}

function metaLectureSeule.__newindex(table, cle, valeur)
  error("Tentative de modification d'une table en lecture seule ! Clé :
" .. cle, 2)
  -- 'error' arrête le script. Le '2' indique à error de ne pas blâmer
cette fonction elle-même.
end

function metaLectureSeule.__index(table, cle)
    -- Permet la lecture des clés existantes
    -- Pour cet exemple simple, nous utilisons rawget pour éviter une
boucle infinie si la clé n'est pas là
    return rawget(table, cle)
```

```
end

setmetatable(donneesLectureSeule, metaLectureSeule)

print(donneesLectureSeule.config) -- Sortie : A (La lecture est
autorisée via __index/rawget)
-- donneesLectureSeule.config = "B" -- Autorisé : Modifie une clé
existante directement. __newindex n'est PAS appelée pour les clés
existantes.
-- donneesLectureSeule.nouveauChamp = "C" -- ERREUR ! Tentative d'ajout
d'une nouvelle clé déclenche la fonction __newindex -> error(...)
```

(Note : Rendre une table vraiment en lecture seule, y compris empêcher la modification des clés existantes, est légèrement plus complexe, impliquant souvent une combinaison soignée de __index *et* __newindex, *utilisant possiblement* rawset *à l'intérieur de* __newindex *si des écritures conditionnelles étaient autorisées).*

Utiliser une fonction pour __newindex permet la validation, la journalisation des affectations, la redirection des écritures, ou l'interdiction totale des écritures.

Autres métaméthodes utiles

- __tostring(a) : Appelée par la fonction tostring() (et souvent implicitement par print()) lorsqu'elle est appliquée à une table avec cette métaméthode. Permet de fournir une représentation textuelle personnalisée.

```
local MetaPoint = {
  __tostring = function(p)
    return "Point(x=" .. p.x .. ", y=" .. p.y .. ")"
  end
}
local pt = { x = 10, y = -5 }
setmetatable(pt, MetaPoint)
print(pt) -- Sortie : Point(x=10, y=-5)
```

- __len(a) : Appelée lorsque l'opérateur de longueur # est utilisé sur une table avec cette métaméthode. Vous permet de définir ce que "longueur" signifie pour votre type de table personnalisé.

```
local MetaMonEnsemble = {
  __len = function(ensemble)
```

```
      local compte = 0
      for _ in pairs(ensemble) do compte = compte + 1 end
      return compte
    end
  }
  local monEnsemble = { pomme = true, orange = true }
  setmetatable(monEnsemble, MetaMonEnsemble)
  print(#monEnsemble) -- Sortie : 2 (Appelle MetaMonEnsemble.__len)
```

• `__call(a, ...)` : Permet à une table d'être appelée comme si c'était une fonction. Le premier argument de la fonction métaméthode est la table elle-même, suivi de tous les arguments passés lors de l'appel.

```
  local metaMultiplicateur = {
    __call = function(obj, valeur)
      return valeur * obj.facteur
    end
  }
  local doubleur = { facteur = 2 }
  setmetatable(doubleur, metaMultiplicateur)
  local tripleur = { facteur = 3 }
  setmetatable(tripleur, metaMultiplicateur)

  print(doubleur(10)) -- Sortie : 20 (Appelle
  metaMultiplicateur.__call(doubleur, 10))
  print(tripleur(10)) -- Sortie : 30 (Appelle
  metaMultiplicateur.__call(tripleur, 10))
```

Métatables en action

Combinons quelques métaméthodes pour créer un type de données Ensemble (Set) de base.

```
local Ensemble = {}
Ensemble.__index = Ensemble -- Pour d'éventuelles futures méthodes

-- Métatable pour les instances d'Ensemble
local MetaEnsemble = {
  __index = Ensemble, -- Hérite des méthodes de la table 'Ensemble'

  -- Union de deux ensembles en utilisant '+'
  __add = function(ensemble1, ensemble2)
    local union = Ensemble:new() -- Crée un nouvel ensemble vide
```

```lua
      for k in pairs(ensemble1) do union:add(k) end
      for k in pairs(ensemble2) do union:add(k) end
      return union
    end,

    -- Belle représentation textuelle
    __tostring = function(ensemble)
      local elements = {}
      for k in pairs(ensemble) do elements[#elements + 1] = tostring(k) end
      table.sort(elements) -- Pour un ordre de sortie cohérent
      return "{" .. table.concat(elements, ", ") .. "}"
    end,

    -- Calcule la taille en utilisant '#'
    __len = function(ensemble)
      local compte = 0
      for _ in pairs(ensemble) do compte = compte + 1 end
      return compte
    end
}

-- Fonction constructeur pour les ensembles
function Ensemble:new(elementsInitiaux)
  local instance = {} -- Les données réelles de l'ensemble (les clés sont les
éléments)
  setmetatable(instance, MetaEnsemble)
  if elementsInitiaux then
    for _, element in ipairs(elementsInitiaux) do
      instance[element] = true -- Stocke l'élément comme clé
    end
  end
  return instance
end

-- Méthode pour ajouter un élément
function Ensemble:add(element)
  self[element] = true
end

-- Méthode pour vérifier l'appartenance
function Ensemble:has(element)
  return self[element] == true
end


-- Utilisation
local e1 = Ensemble:new({ "pomme", "banane" })
```

```lua
local e2 = Ensemble:new({ "banane", "orange" })

e1:add("cerise")

print("Ensemble 1 :", e1)                -- Sortie : Ensemble 1 : {banane,
cerise, pomme} (ordre après tri)
print("Ensemble 2 :", e2)                -- Sortie : Ensemble 2 : {banane,
orange}
print("e1 contient pomme ?", e1:has("pomme")) -- Sortie : e1 contient pomme ?
true
print("Taille de e1 :", #e1)             -- Sortie : Taille de e1 : 3

local ensembleUnion = e1 + e2            -- Utilise __add
print("Union :", ensembleUnion)          -- Sortie : Union : {banane, cerise,
orange, pomme}
print("Taille de l'union :", #ensembleUnion) -- Sortie : Taille de l'union : 4
```

Cet exemple montre comment les métaméthodes (__add, __tostring, __len) combinées à des fonctions régulières attachées via __index (comme Ensemble:new, Ensemble:add, Ensemble:has) nous permettent de créer un type de données personnalisé avec son propre comportement en utilisant des tables Lua standard.

Résumé du chapitre

Les métatables sont le mécanisme de Lua pour fournir un comportement personnalisé aux tables (et aux userdata). Elles sont elles-mêmes de simples tables contenant des clés spéciales appelées métaméthodes (comme __add, __index, __newindex, __tostring, __len, __call, etc.). En définissant une métatable pour une table à l'aide de setmetatable, vous pouvez intercepter des opérations comme l'arithmétique, les comparaisons, la concaténation, l'indexation de table (lecture et écriture de clés manquantes), le calcul de longueur, la conversion en chaîne, et même les appels de fonction, définissant votre propre logique via les fonctions de métaméthodes associées. Cette fonctionnalité puissante permet la surcharge d'opérateurs, les motifs d'héritage (en utilisant __index), la validation de données, les valeurs par défaut, les tables en lecture seule, et la création de structures riches, semblables à des objets, au sein du cadre fondamentalement simple de Lua.

Vous avez maintenant une compréhension approfondie de la structure de données principale de Lua, la table, et de la manière de personnaliser son comportement avec les métatables. Ensuite, nous recentrerons notre attention sur un autre type de données fondamental : les chaînes de caractères, en explorant la bibliothèque intégrée de Lua pour la manipulation de texte puissante et la correspondance de motifs.

8

Maîtriser le texte

Le texte est omniprésent dans le monde numérique. Des interfaces utilisateur et fichiers de configuration aux messages de log et formats d'échange de données, la manipulation de séquences de caractères – les **chaînes** – est une tâche de programmation fondamentale. Au chapitre 2, vous avez appris les bases de la création de valeurs de type chaîne. Maintenant, nous allons plonger dans la **bibliothèque** string intégrée de Lua, une boîte à outils complète remplie de fonctions pour rechercher, extraire, remplacer, formater et analyser du texte. Maîtriser ces outils vous permettra de gérer efficacement les données textuelles dans vos programmes Lua.

Les chaînes revisitées

Avant de plonger dans la bibliothèque, rappelons rapidement quelques aspects clés des chaînes Lua :

- **Littéraux** : Vous créez des constantes de chaîne (littéraux) en utilisant soit des guillemets simples (`'...'`) soit des guillemets doubles (`"..."`). Ils sont équivalents, vous donnant la flexibilité d'inclure un type de guillemet à l'intérieur d'une chaîne délimitée par l'autre sans avoir besoin de caractères d'échappement spéciaux.

```
local simple = 'Contient des guillemets "doubles".'
local double = "Contient des guillemets 'simples'."
```

- **Chaînes longues** : Pour les chaînes s'étendant sur plusieurs lignes ou contenant beaucoup de guillemets sans nécessiter d'échappements, utilisez les doubles crochets longs [[...]]. Vous pouvez ajouter des signes égal entre les crochets ([=[...]=], [===[...]===]) pour permettre à la chaîne elle-même de contenir des séquences]].

```
local html = [[
<html>
  <head><title>Ma Page</title></head>
  <body>Bonjour, le monde !</body>
</html>
]]
```

- **Séquences d'échappement** : À l'intérieur des chaînes entre guillemets simples ou doubles, la barre oblique inverse (\) agit comme un caractère d'échappement, vous permettant d'inclure des caractères spéciaux :

    - \n : Nouvelle ligne
    - \t : Tabulation horizontale
    - \\ : Barre oblique inverse elle-même
    - \" : Guillemet double
    - \' : Guillemet simple
    - \ddd : Caractère avec code décimal ddd (par ex., \65 est 'A')
    - \xHH : Caractère avec code hexadécimal HH (par ex., \x41 est 'A')
    - \z : Saute les espaces blancs suivants (Lua 5.3+) - utile pour formater de longues chaînes.

```
local formate = "Ligne 1\n\tLigne 2 indentée\nChemin : C:\\Temp"
print(formate)
-- Sortie :
-- Ligne 1
--          Ligne 2 indentée
-- Chemin : C:\Temp
```

- **Immuabilité** : C'est crucial ! Une fois qu'une chaîne est créée en Lua, son contenu **ne peut pas être modifié**. Les fonctions qui semblent modifier une chaîne, comme remplacer un caractère ou concaténer, créent et retournent en fait une *nouvelle* chaîne, laissant l'originale intacte.

```
local original = "Bonjour"
local majuscules = string.upper(original) -- Crée une NOUVELLE chaîne
```

```
print(original)     -- Sortie : Bonjour (L'original est inchangé)
print(majuscules)   -- Sortie : BONJOUR
```

La bibliothèque `string`

La plupart des fonctions de manipulation de chaînes sont commodément regroupées dans la table `string` intégrée. Pour les utiliser, vous préfixez généralement le nom de la fonction par `string.`.

```
local texte = "Lua est chouette !"
local longueur = string.len(texte) -- Appelle la fonction 'len' de la
bibliothèque 'string'
print(longueur) -- Sortie : 18
```

Certaines fonctions, comme `tostring` et `type`, sont globales, et les opérateurs comme # (longueur) et .. (concaténation) fonctionnent aussi directement sur les chaînes.

Opérations de base sur les chaînes

Commençons par quelques manipulations fondamentales.

Trouver la longueur

Comme vu précédemment, vous pouvez obtenir le nombre d'*octets* dans une chaîne s en utilisant soit la fonction `string.len()` soit l'opérateur de longueur #. Pour les chaînes ASCII simples, les octets correspondent aux caractères.

```
local nom = "Lua"
print(string.len(nom)) -- Sortie : 3
print(#nom)            -- Sortie : 3 (Généralement préféré pour la brièveté)
```

(Rappelez-vous la bibliothèque `utf8` du chapitre 12 pour un comptage correct des caractères dans les chaînes encodées en UTF-8).

Répéter des chaînes

Crée une nouvelle chaîne en répétant la chaîne s exactement n fois. Une chaîne de séparation optionnelle sep (Lua 5.3+) peut être placée entre les répétitions.

```
local ligne = string.rep("-", 20) -- Répète '-' 20 fois
print(ligne) -- Sortie : --------------------

local motif = string.rep("xo", 5)
print(motif) -- Sortie : xoxoxoxoxo

local mots = string.rep("salut", 3, ", ") -- Lua 5.3+
print(mots) -- Sortie : salut, salut, salut
```

Changer la casse

Ces fonctions retournent une *nouvelle* chaîne avec toutes les lettres majuscules converties en minuscules (string.lower) ou toutes les lettres minuscules converties en
majuscules (string.upper), respectivement. Les caractères non alphabétiques ne sont
pas affectés.

```
local casseMixte = "Bonjour le Monde"
local minuscule = string.lower(casseMixte)
local majuscule = string.upper(casseMixte)

print(minuscule) -- Sortie : bonjour le monde
print(majuscule) -- Sortie : BONJOUR LE MONDE
```

Extraire des sous-chaînes

Cette fonction extrait et retourne une portion (sous-chaîne) de la chaîne s.

- i : La position de départ (indice basé sur 1).
- j (Optionnel) : La position de fin (inclusive). Si omis, vaut par défaut -1, ce qui
  signifie "jusqu'à la fin de la chaîne".

Les indices négatifs comptent à partir de la *fin* de la chaîne : -1 est le dernier caractère, -2 est l'avant-dernier, et ainsi de suite.

```
local texte = "Programmation en Lua"

local sousChaine1 = string.sub(texte, 1, 13) -- Caractères 1 à 13
print(sousChaine1) -- Sortie : Programmation

local sousChaine2 = string.sub(texte, 18) -- Caractères 18 jusqu'à la fin
print(sousChaine2) -- Sortie : Lua
```

```
local sousChaine3 = string.sub(texte, -3) -- Les 3 derniers caractères
print(sousChaine3) -- Sortie : Lua

local sousChaine4 = string.sub(texte, 1, -5) -- Caractères 1 jusqu'au 5ème
depuis la fin
print(sousChaine4) -- Sortie : Programmation en
```

Si i est plus grand que j, ou si les indices sont hors limites d'une manière qui définit une région vide, string.sub retourne une chaîne vide "".

Inverser des chaînes

Retourne une nouvelle chaîne avec l'ordre des caractères (octets) dans s inversé.

```
local avant = "ressorts"
local arriere = string.reverse(avant)
print(arriere) -- Sortie : strosser
```

Trouver et remplacer du texte

Ces fonctions vous permettent de chercher des motifs dans les chaînes et de les remplacer.

Trouver des sous-chaînes

Recherche la première occurrence de motif dans la chaîne s.

- s : La chaîne dans laquelle chercher.
- motif : La chaîne (ou le motif Lua, voir plus loin) à rechercher.
- init (Optionnel) : La position dans s où la recherche doit commencer (par défaut 1). Peut être négatif.
- plain (Optionnel) : Si true, effectue une recherche de sous-chaîne simple, désactivant les fonctionnalités de correspondance de motifs de Lua pour le motif. Par défaut false.

Valeurs de retour :

- Si le motif est trouvé, retourne l'**indice de début** et l'**indice de fin** de la première correspondance.
- Si le motif n'est pas trouvé, retourne nil.

```lua
local texte = "Le rapide renard brun saute par-dessus le chien paresseux."

local idxDebut, idxFin = string.find(texte, "renard")
if idxDebut then
  print("Trouvé 'renard' de l'indice " .. idxDebut .. " à " .. idxFin)
  -- Sortie : Trouvé 'renard' de l'indice 11 à 16
else
  print("'renard' non trouvé.")
end

local debutLe, finLe = string.find(texte, "le", 1, true) -- Recherche simple
print("Trouvé 'le' (simple) :", debutLe) -- Sortie : Trouvé 'le' (simple) : 40

local debutLeMotif, finLeMotif = string.find(texte, "le") -- Recherche par motif
print("Trouvé 'le' (motif) :", debutLeMotif) -- Sortie : Trouvé 'le' (motif) :
40
-- (Dans ce cas simple, simple et motif sont identiques)

local debutLeEncore, finLeEncore = string.find(texte, "le", 43) -- Commence la
recherche à l'indice 43
print("Trouvé 'le' après 43 :", debutLeEncore) -- Sortie : Trouvé 'le' après
43 : nil

local manquant = string.find(texte, "chat")
print("Trouvé 'chat' :", manquant) -- Sortie : Trouvé 'chat' : nil
```

Remplacer des sous-chaînes

Effectue une substitution globale (**sub**stitution), retournant une *nouvelle* chaîne où les occurrences de motif dans s sont remplacées par remplacement. Retourne également le nombre total de substitutions effectuées.

- s : La chaîne originale.
- motif : La chaîne ou le motif Lua à rechercher.
- remplacement : Ce par quoi remplacer le motif. Cela peut être :
  - Une **chaîne** : Remplace le texte correspondant. Peut contenir des références de capture comme %1, %2 (voir motifs plus loin) pour insérer des parties du texte correspondant. %0 fait référence à la correspondance entière. %% insère un % littéral.
  - Une **table** : Le texte correspondant est utilisé comme clé pour chercher la valeur de remplacement dans cette table.
  - Une **fonction** : Cette fonction est appelée pour chaque correspondance, avec le texte correspondant (et toutes captures) passés comme

arguments. La valeur retournée par la fonction est utilisée comme remplacement.

- n (Optionnel) : Limite le nombre maximum de substitutions à effectuer. Si omis, toutes les occurrences sont remplacées.

```lua
local texte = "Bonjour le monde, bonjour Lua !"

-- Remplacement de chaîne simple
local nouveauTexte1, compte1 = string.gsub(texte, "bonjour", "Au revoir") --
Sensible à la casse
print(nouveauTexte1, compte1) -- Sortie : Bonjour le monde, Au revoir Lua !
1

local nouveauTexte2, compte2 = string.gsub(string.lower(texte), "bonjour", "Au
revoir")
print(nouveauTexte2, compte2) -- Sortie : au revoir le monde, au revoir lua !
2

-- Utilisation de captures (%1 fait référence au premier groupe capturé 'monde'
ou 'Lua')
local nouveauTexte3, compte3 = string.gsub(texte, "(monde|Lua)", "%1 !")
print(nouveauTexte3, compte3) -- Sortie : Bonjour le monde !, bonjour Lua !!
2

-- Utilisation d'une table de remplacement
local remplacements = { pomme = "orange", banane = "raisin" }
local texteFruits = "J'aime la pomme et la banane."
local nouveauxFruits, compte4 = string.gsub(texteFruits, "%a+", remplacements)
-- %a+ correspond aux mots
print(nouveauxFruits, compte4) -- Sortie : J'aime la orange et le raisin.
2

-- Utilisation d'une fonction de remplacement (convertit les nombres trouvés en
hexa)
local donnees = "Valeurs : 10, 255, 128"
local function decVersHex(correspondance)
  return string.format("0x%X", tonumber(correspondance))
end
local donneesHex, compte5 = string.gsub(donnees, "%d+", decVersHex) -- %d+
correspond aux nombres
print(donneesHex, compte5) -- Sortie : Valeurs : 0xA, 0xFF, 0x80        3

-- Limiter les substitutions
local texteLimite, compte6 = string.gsub(texte, "o", "*", 3) -- Remplace
seulement les 3 premiers 'o'
print(texteLimite, compte6) -- Sortie : B*nj*ur le m*nde, bonjour Lua !      3
```

`string.gsub` est incroyablement polyvalent grâce à ses options puissantes de remplacement.

Formater des chaînes pour l'affichage

Souvent, vous devez construire des chaînes avec des variables intégrées dans un format spécifique (par ex., aligner des nombres, définir des décimales). `string.format` est l'outil de Lua pour cela, inspiré de la fonction `printf` en C.

`string.format(chaineFormat, ...)` prend une **chaîne de format** et un nombre variable d'arguments supplémentaires. La chaîne de format contient du texte littéral mélangé avec des **spécificateurs de format** (commençant par %). Chaque spécificateur correspond à l'un des arguments supplémentaires et définit comment cet argument doit être converti en texte et inséré.

Spécificateurs de format courants :

- `%s` : Argument de type chaîne.
- `%d` : Argument entier (décimal).
- `%f` : Argument à virgule flottante (notation décimale standard).
- `%e`, `%E` : Argument à virgule flottante (notation scientifique).
- `%g`, `%G` : Argument à virgule flottante (utilise le plus court de `%f` ou `%e`).
- `%c` : Argument entier, converti en l'octet de caractère correspondant.
- `%q` : Argument de type chaîne, formaté comme un littéral de chaîne Lua correctement échappé (utile pour le débogage ou la génération de code).
- `%%` : Un signe pourcentage littéral (%).

Vous pouvez ajouter des modificateurs entre le % et la lettre pour la largeur, l'alignement, la précision, etc. :

- `-` : Aligne à gauche dans la largeur spécifiée.
- `largeur` : Largeur minimale du champ (remplit avec des espaces).
- `.precision` : Pour les flottants, nombre de chiffres après la virgule ; pour les chaînes, longueur maximale.

```
local nom = "Alice"
local score = 12345
local moyenne = 88.7512
local article = "potion"

local s1 = string.format("Joueur : %s, Score : %d", nom, score)
print(s1) -- Sortie : Joueur : Alice, Score : 12345
```

```
-- Formatage des nombres
local s2 = string.format("Score : %06d", score) -- Remplit avec des zéros devant
jusqu'à largeur 6
print(s2) -- Sortie : Score : 012345

local s3 = string.format("Moyenne : %.2f", moyenne) -- 2 décimales
print(s3) -- Sortie : Moyenne : 88.75

local s4 = string.format("Moy (largeur 10) : %10.2f", moyenne) -- Largeur 10,
aligné à droite
print(s4) -- Sortie : Moy (largeur 10) :      88.75

local s5 = string.format("Moy (larg 10, gauche): %-10.2f", moyenne) -- Largeur
10, aligné à gauche
print(s5) -- Sortie : Moy (larg 10, gauche): 88.75

-- Mettre une chaîne entre guillemets de manière sûre
local s6 = string.format("Nom article : %q", "Une chaîne 'entre guillemets'\
navec nouvelle ligne")
print(s6) -- Sortie : Nom article : "Une chaîne 'entre guillemets'\navec
nouvelle ligne"

local s7 = string.format("Pourcentage : 50%%") -- % littéral
print(s7) -- Sortie : Pourcentage : 50%
```

string.format est essentiel pour créer des sorties joliment formatées pour les utilisateurs ou les logs.

Travailler avec des caractères individuels

Parfois, vous devez traiter les codes numériques sous-jacents des caractères.

Obtenir les codes des caractères

Retourne les codes numériques internes (généralement ASCII ou valeurs d'octet en UTF-8) des caractères dans la chaîne s.

- i (Optionnel) : Position de départ (par défaut 1).
- j (Optionnel) : Position de fin (par défaut i).

Retourne un nombre par caractère demandé.

```
local code_B = string.byte("Bonjour", 1) -- Code du premier caractère 'B'
```

```
print(code_B) -- Sortie : 66 (Code ASCII pour 'B')

local code_o, code_n, code_j = string.byte("Bonjour", 2, 4) -- Codes pour 'o',
'n', 'j'
print(code_o, code_n) -- Sortie : 111    110 (affiche seulement les deux
premières valeurs retournées ici)
print(string.byte("Bonjour", -1)) -- Code du dernier caractère 'r'
-- Sortie : 114
```

Créer des chaînes à partir de codes

Fait l'inverse de `string.byte`. Prend zéro ou plusieurs arguments entiers et retourne une nouvelle chaîne composée des caractères correspondant à ces codes numériques.

```
local str = string.char(66, 111, 110, 106, 111, 117, 114) -- Codes pour B, o, n,
j, o, u, r
print(str) -- Sortie : Bonjour

local abc = string.char(string.byte("A"), string.byte("B"), string.byte("C"))
print(abc) -- Sortie : ABC
```

Correspondance de motifs puissante

C'est l'une des parties les plus puissantes de la bibliothèque `string` de Lua. Lua fournit son propre système de **correspondance de motifs** (pattern matching), conceptuellement similaire aux expressions régulières (regex) trouvées dans d'autres langages mais avec une syntaxe plus simple et des fonctionnalités légèrement différentes. Les motifs vous permettent de décrire des séquences de caractères de manière flexible, allant bien au-delà de la simple recherche de sous-chaînes.

Motifs Lua vs Expressions Régulières

- **Syntaxe plus simple** : Les motifs Lua sont généralement moins complexes que les regex complètes (par ex., pas d'opérateur OU | explicite dans les groupes, quantificateurs plus simples).
- **Focus sur le texte** : Conçus principalement pour la manipulation de texte, pas nécessairement pour une validation complexe.
- **Intégrés** : Intégrés directement dans les fonctions de la bibliothèque `string` (`find`, `gsub`, `match`, `gmatch`).

Comprendre la syntaxe des motifs

Les motifs sont des chaînes contenant des caractères spéciaux et des séquences :

- **Classes de caractères** : Représentent des ensembles de caractères :

    - %a : Lettres (alphabétiques)
    - %d : Chiffres (numériques)
    - %s : Caractères d'espacement (espace, tabulation, nouvelle ligne, etc.)
    - %w : Caractères alphanumériques (%a + %d)
    - %l : Lettres minuscules
    - %u : Lettres majuscules
    - %p : Caractères de ponctuation
    - %c : Caractères de contrôle
    - %x : Chiffres hexadécimaux
    - . (Point) : Correspond à *n'importe quel* caractère unique.
    - [set] : Correspond à n'importe quel caractère dans l'ensemble (par ex., [aeiou] correspond à une voyelle, [0-9] correspond à un chiffre, [a-zA-Z] correspond à n'importe quelle lettre). Les plages sont autorisées.
    - [^set] : Correspond à n'importe quel caractère *non* présent dans l'ensemble (par ex., [^%s] correspond à n'importe quel caractère non-espace).
    - Vous pouvez utiliser %a, %d, etc. à l'intérieur de [] (par ex., [%w_] correspond à alphanumérique ou trait de soulignement).

- **Ancres** : Correspondent à des positions, pas à des caractères :

    - ^ : Correspond au début de la chaîne sujet (ou de la ligne en mode multi-lignes, ce qui n'est pas le défaut).
    - $: Correspond à la fin de la chaîne sujet (ou de la ligne).

- **Quantificateurs (Répétition)** : Spécifient combien de fois l'élément précédent peut apparaître :

    - * : Correspond à 0 occurrence ou plus (gourmand - correspond au plus grand nombre possible).
    - + : Correspond à 1 occurrence ou plus (gourmand).
    - - : Correspond à 0 occurrence ou plus (non-gourmand/paresseux - correspond au plus petit nombre possible). *C'est une différence clé par rapport aux regex où *?* est paresseux.*
    - ? : Correspond à 0 ou 1 occurrence.

- **Captures** : Les parenthèses () créent des groupes de capture. Le texte correspondant au motif à l'intérieur des parenthèses est "capturé" et peut être récupéré plus tard (par `string.match`, `string.gmatch`, ou référencé dans la chaîne de remplacement de `string.gsub` en utilisant %1, %2, etc.).

- **Caractères Magiques & Échappement** : Les caractères `( ) . % + - * ? [ ] ^ $` ont des significations spéciales dans les motifs. Pour correspondre à l'un de ces caractères littéralement, vous devez l'échapper avec un signe pourcentage % (par ex., `%.` correspond à un point littéral, `%%` correspond à un signe pourcentage littéral).

- **Motifs Spéciaux** :

  - `%bxy` : Correspond à une paire "équilibrée" de caractères x et y. Utile pour trouver du contenu entre parenthèses, crochets, etc. Par ex., `%b()` correspond d'une parenthèse ouvrante à sa parenthèse fermante correspondante.

Utiliser efficacement les motifs

- `string.match(s, motif, [init])` : Recherche la *première* correspondance de motif dans s (en commençant à `init`).

  - Si le motif n'a **pas de captures**, retourne la sous-chaîne correspondante entière.
  - Si le motif **a des captures**, retourne les sous-chaînes capturées comme des valeurs de chaîne séparées.
  - Si aucune correspondance n'est trouvée, retourne `nil`.

```
local texte = "Nom: Alice, Age: 30, Ville: Londres"

-- Pas de captures : trouver le premier nombre
local premierNb = string.match(texte, "%d+")
print(premierNb) -- Sortie : 30

-- Avec captures : extraire nom et age
local nom, age = string.match(texte, "Nom: (%a+), Age: (%d+)")
print("Nom :", nom, "Age :", age) -- Sortie : Nom : Alice   Age : 30

-- Capturer le contenu entre parenthèses
local donnees = "Processus(Statut=OK, ID=123)"
local contenu = string.match(donnees, "%b()") -- Correspond à '()' et
capture le contenu interne
```

```
print(contenu) -- Sortie : (Statut=OK, ID=123)
```

- `string.gmatch(s, motif)` : Retourne une **fonction itératrice** qui, chaque fois qu'elle est appelée (typiquement dans une boucle `for` générique), trouve la *prochaine* correspondance de `motif` dans `s`.

  - Si le motif n'a pas de **captures**, l'itérateur produit la sous-chaîne correspondante entière à chaque itération.
  - Si le motif a des **captures**, l'itérateur produit les sous-chaînes capturées comme des valeurs séparées à chaque itération.

```
local texte = "Articles: pomme 10, banane 5, cerise 20"

-- Itérer sur tous les mots
print("Mots :")
for mot in string.gmatch(texte, "%a+") do
  print(" ", mot)
end

-- Itérer sur les noms d'articles et les quantités (captures)
print("\nArticles et Quantités :")
for article, quantite in string.gmatch(texte, "(%a+) (%d+)") do
  print("  Article :", article, "Quantité :", quantite)
end
```

Sortie :

```
Mots :
  Articles
  pomme
  banane
  cerise

Articles et Quantités :
  Article : pomme      Quantité : 10
  Article : banane     Quantité : 5
  Article : cerise     Quantité : 20
```

Les motifs Lua sont un outil puissant pour le traitement de texte. Expérimenter avec eux (`string.match` est excellent pour tester) est la meilleure façon de devenir compétent.

Résumé du chapitre

Dans ce chapitre, vous avez exploré la bibliothèque `string` complète de Lua. Nous avons revu les bases des chaînes comme les littéraux et l'immuabilité. Vous avez appris les fonctions essentielles pour trouver la longueur (`string.len`, `#`), répéter (`string.rep`), changer la casse (`string.lower`, `string.upper`), extraire des sous-chaînes (`string.sub`), et inverser (`string.reverse`). Nous avons couvert la recherche avec `string.find` et le polyvalent `string.gsub` pour les remplacements utilisant des chaînes, des tables ou des fonctions. Vous avez vu comment `string.format` crée des chaînes précisément formatées à l'aide de spécificateurs. Nous avons abordé la conversion entre les caractères et leurs codes d'octet avec `string.byte` et `string.char`. Enfin, vous avez été initié au puissant système de correspondance de motifs de Lua, comprenant sa syntaxe (classes de caractères, quantificateurs, ancres, captures, échappements) et comment l'utiliser efficacement avec `string.match` (pour la première correspondance/captures) et `string.gmatch` (pour itérer sur toutes les correspondances/captures).

Travailler avec des chaînes et des données externes implique souvent des situations où les choses pourraient ne pas se dérouler comme prévu – entrée invalide, fichiers non trouvés, erreurs réseau. Savoir comment anticiper et gérer ces situations avec élégance est crucial pour des programmes robustes. Dans le prochain chapitre, nous apprendrons les mécanismes de Lua pour la gestion des erreurs.

9

Gérer l'inattendu

Jusqu'à présent, nous avons écrit du code Lua en supposant que tout se déroule comme prévu. Les nombres s'additionnent, les chaînes se concatènent, les tables sont indexées correctement. Mais le monde réel est désordonné ! Les utilisateurs peuvent entrer des données invalides, des fichiers peuvent être manquants, les connexions réseau peuvent tomber, ou nous pouvons simplement faire une erreur logique dans notre code (comme diviser par zéro ou essayer d'accéder à une partie d'une table qui n'existe pas, comme discuté aux chapitres 3 et 6). Lorsque ces choses inattendues se produisent, Lua génère une **erreur**. Par défaut, une erreur arrête brutalement l'exécution de votre script et affiche un message d'erreur. Bien que cela vous dise que *quelque chose* s'est mal passé, ce n'est souvent pas le comportement convivial ou robuste que vous souhaitez. Ce chapitre explore comment Lua gère les erreurs et, plus important encore, comment *vous* pouvez les gérer avec élégance en utilisant des outils comme `pcall`, `xpcall`, `error` et `assert`, rendant vos programmes plus fiables et résilients.

Quand les choses tournent mal

Les erreurs en programmation se répartissent généralement en quelques catégories :

1. **Erreurs de syntaxe** : Ce sont des erreurs dans la façon dont vous avez écrit le code lui-même – comme des fautes de frappe dans les mots-clés (`funtion` au lieu de `function`), des instructions `end` manquantes, ou une utilisation incorrecte des opérateurs. Lua les détecte *avant* même que votre script ne com-

mence à s'exécuter, généralement lorsqu'il essaie de charger ou de compiler le code. Vous devez corriger ces erreurs de syntaxe avant que le programme puisse s'exécuter.

```lua
-- Exemple d'erreur de syntaxe ('end' manquant)
local function saluer(nom)
  print("Bonjour, " .. nom)
-- oups! oublié le 'end' ici

-- Lua rapportera probablement une erreur comme :
-- fichier.lua:X: 'end' expected (to close 'function' at line Y) near
<eof>
```

2. **Erreurs d'exécution (Runtime Errors)** : Ces erreurs se produisent *pendant* l'exécution du programme. Elles surviennent lorsque le code est syntaxiquement correct, mais qu'une opération ne peut pas être effectuée légalement. Exemples :

   - Essayer d'effectuer une opération arithmétique sur une valeur non numérique (par ex., `10 + "bonjour"`).
   - Essayer d'appeler une valeur qui n'est pas une fonction (par ex., `local x = 10; x()`).
   - Essayer d'indexer un champ dans une valeur `nil` (par ex., `local t = nil; print(t.champ)`).
   - Appeler `error()` explicitement (voir plus loin).

   Ce sont les erreurs que nous cherchons principalement à gérer par programmation, car elles dépendent souvent de facteurs externes ou d'états imprévisibles du programme.

3. **Erreurs logiques** : Ce sont souvent les plus délicates. Le programme s'exécute sans planter (pas d'erreurs de syntaxe ou d'exécution), mais il ne produit pas le résultat *correct* car la logique que vous avez écrite est défectueuse. Par exemple, utiliser < au lieu de > dans une comparaison, calculer incorrectement une valeur, ou oublier de mettre à jour une variable dans une boucle. Les mécanismes de gestion des erreurs n'attrapent généralement pas directement les erreurs logiques ; celles-ci nécessitent un débogage attentif, des tests (Chapitre 17), et une réflexion sur la logique de votre code.

Ce chapitre se concentre principalement sur la détection et la gestion des **erreurs d'exécution**.

Attraper les erreurs

Et si vous anticipez qu'un morceau de code *pourrait* causer une erreur d'exécution, mais que vous ne voulez pas que cela fasse planter tout votre programme ? Par exemple, vous appelez une fonction d'un module tiers qui pourrait potentiellement échouer, ou vous effectuez un calcul basé sur une entrée utilisateur qui pourrait être invalide. Lua fournit pcall (appel protégé) exactement pour ce scénario.

La fonction `pcall(func, arg1, ...)`

pcall exécute une fonction donnée (func) en **mode protégé**. Cela signifie que si une erreur d'exécution se produit *pendant l'exécution de* func, pcall attrape l'erreur et l'empêche d'arrêter le script principal.

- func : La fonction que vous voulez appeler en toute sécurité.
- arg1, ... : Tous les arguments que vous voulez passer à func.

Valeurs de retour : pcall retourne toujours au moins une valeur : un booléen indiquant le succès ou l'échec.

- **En cas de succès** : pcall retourne true suivi de toutes les valeurs retournées par func.
- **En cas d'échec** : pcall retourne false suivi de l'objet d'erreur (généralement le message d'erreur sous forme de chaîne).

```
-- Une fonction qui pourrait causer une erreur
function divisionRisquee(a, b)
  if b == 0 then
    error("Division par zéro !") -- Lève explicitement une erreur
  end
  return a / b
end


-- --- Cas de succès ---
local statut, resultat = pcall(divisionRisquee, 10, 2)

if statut then
  print("Succès ! Résultat :", resultat)
else
  print("Échec ! Erreur :", resultat) -- Note : 'resultat' contient le message
d'erreur ici
end
-- Sortie : Succès ! Résultat : 5.0
```

```
-- --- Cas d'échec ---
local statut2, msgErreur = pcall(divisionRisquee, 10, 0)

if statut2 then
  print("Succès ! Résultat :", msgErreur)
else
  print("Échec ! Erreur :", msgErreur)
end
-- Sortie : Échec ! Erreur : ...fichier.lua:4: Division par zéro !
-- (Le message d'erreur inclut le fichier et le numéro de ligne où 'error' a été
appelée)

-- --- Autre cas d'échec (indexation de nil) ---
local function accederNil()
    local donnees = nil
    return donnees.champ -- Ceci causera une erreur d'exécution
end

local statut3, msgErreur3 = pcall(accederNil)
if not statut3 then
    print("Erreur attrapée :", msgErreur3)
    -- Sortie : Erreur attrapée : ...fichier.lua:X: attempt to index a nil value
(local 'donnees')
end
```

pcall est votre outil de prédilection pour gérer les opérations qui sont hors de votre contrôle direct ou connues pour être potentiellement problématiques (comme interagir avec des systèmes externes, traiter des entrées potentiellement mal formées, etc.).

La fonction `xpcall(func, gestErreur)`

xpcall est similaire à pcall mais offre une capacité supplémentaire : vous pouvez spécifier votre propre **fonction gestionnaire d'erreurs**. Si une erreur se produit pendant l'exécution de func, Lua appelle gestErreur *avant* que la pile d'exécution ne soit déroulée, en lui passant l'objet d'erreur original. La valeur retournée par gestErreur devient alors la seconde valeur de retour de xpcall (après false).

- func : La fonction à appeler en mode protégé.
- gestErreur : La fonction à appeler si une erreur se produit dans func.

C'est utile si vous voulez effectuer une journalisation personnalisée, ajouter plus de contexte au message d'erreur, ou inspecter l'état du programme (en utilisant la bibliothèque debug, par exemple) juste au moment où l'erreur se produit.

```lua
function fonctionQuiEchoue()
  error("Quelque chose s'est mal passé à l'intérieur !")
end

function monGestionnaireErreur(erreurOriginale)
  print("--- Gestionnaire d'erreur personnalisé ---")
  print("Erreur originale :", erreurOriginale)
  -- Ajoutons plus d'infos, comme une trace de pile (voir bibliothèque debug
plus tard)
  local tracePile = debug.traceback("Trace de la pile :", 2) -- Niveau 2 pour
sauter xpcall & handler
  return "Erreur gérée : " .. erreurOriginale .. "\n" .. tracePile
end

-- Appelle fonctionQuiEchoue en utilisant xpcall et notre gestionnaire
local statut, resultatOuErreurTraitee = xpcall(fonctionQuiEchoue,
monGestionnaireErreur)

if statut then
  print("Succès xpcall :", resultatOuErreurTraitee)
else
  print("Échec xpcall ! Erreur traitée ci-dessous :")
  print(resultatOuErreurTraitee)
end
```

Sortie :

```
--- Gestionnaire d'erreur personnalisé ---
Erreur originale : ...fichier.lua:2: Quelque chose s'est mal passé à l'intérieur
!
Échec xpcall ! Erreur traitée ci-dessous :
Erreur gérée : ...fichier.lua:2: Quelque chose s'est mal passé à l'intérieur !
Trace de la pile :
...fichier.lua:2: in function 'fonctionQuiEchoue'
[C]: in function 'xpcall'
...fichier.lua:14: in main chunk
[C]: in ?
```

xpcall vous donne plus de contrôle sur le rapport d'erreurs lorsqu'une erreur est attrapée.

Générer des erreurs intentionnellement

Parfois, *votre* code détecte une situation qui ne devrait pas se produire – une entrée invalide qui a contourné les vérifications précédentes, un état interne impossible, ou l'échec d'acquisition d'une ressource nécessaire. Dans ces cas, vous pourriez vouloir arrêter délibérément l'exécution et signaler une erreur vous-même. Lua fournit `error()` et `assert()` pour cela.

La fonction `error(message, [niveau])`

Appeler `error()` arrête immédiatement l'exécution et génère (ou *lève*, ou *lance*) une erreur d'exécution.

- `message` : Une chaîne (ou toute valeur, typiquement une chaîne) décrivant le problème. Ce message est ce que `pcall` ou `xpcall` recevra s'ils attrapent l'erreur.
- `niveau` (Entier optionnel) : Contrôle où le message d'erreur indique que l'erreur s'est produite dans la pile d'appels.
  - `niveau = 1` (Défaut) : L'emplacement de l'erreur est là où `error()` a été appelée.
  - `niveau = 2` : L'emplacement de l'erreur est là où la fonction qui a *appelé* la fonction contenant `error()` a été appelée.
  - `niveau = 0` : Saute l'ajout d'informations de localisation.

Habituellement, vous utilisez `niveau = 1` (le défaut) ou `niveau = 2` si vous écrivez une fonction utilitaire qui vérifie les arguments pour d'*autres* fonctions et voulez que l'erreur soit imputée à l'appelant de votre utilitaire.

```lua
function verifierPositif(valeur, nomArg)
  if type(valeur) ~= "number" or valeur <= 0 then
    -- Blâme la fonction qui a appelé verifierPositif
    error("Mauvais argument #" .. nomArg .. ": nombre positif attendu, obtenu
" .. type(valeur), 2)
  end
end

function traiterDonnees(valeurDonnees)
  verifierPositif(valeurDonnees, 1) -- Vérifie le premier argument
('valeurDonnees')
  -- ... traiter valeurDonnees ...
  print("Traitement réussi avec la valeur :", valeurDonnees)
end
```

```
traiterDonnees(10) -- Sortie : Traitement réussi avec la valeur : 10
-- traiterDonnees(-5) -- ERREUR : ...fichier.lua:9: Mauvais argument #1: nombre
positif attendu, obtenu number
-- (L'erreur pointe vers la ligne 9, où traiterDonnees a été appelée, car nous
avons utilisé le niveau 2)
-- traiterDonnees("hello") -- ERREUR : ...fichier.lua:9: Mauvais argument #1:
nombre positif attendu, obtenu string
```

La fonction `assert(condition, [message])`

`assert` fournit un moyen concis de vérifier si une condition est vraie et de lever une erreur si ce n'est pas le cas. Il est couramment utilisé pour les vérifications de cohérence (sanity checks), la vérification des arguments de fonction (préconditions), ou la vérification des résultats (postconditions).

- `condition` : La valeur ou l'expression à vérifier. Rappelez-vous la véracité de Lua : seuls `false` et `nil` échouent à l'assertion.
- `message` (Optionnel) : Le message d'erreur à utiliser si la condition est fausse ou `nil`. S'il est omis, `assert` fournit un message générique comme "assertion failed!".

Comportement :

- Si `condition` est **vraie** (toute valeur autre que `false` ou `nil`), `assert` ne fait rien sauf retourner tous ses arguments en commençant par la `condition` elle-même.
- Si `condition` est **fausse** ou `nil`, `assert` appelle `error()` en interne, en passant le `message` (ou le message par défaut).

```
function diviserAssert(a, b)
  assert(type(a) == "number", "Argument #1 doit être un nombre")
  assert(type(b) == "number", "Argument #2 doit être un nombre")
  assert(b ~= 0, "Impossible de diviser par zéro") -- Vérifie la précondition
  local resultat = a / b
  -- assert(resultat > 0, "Le résultat devrait être positif") -- Exemple de
vérification de postcondition
  return resultat
end

print(diviserAssert(10, 2))    -- Sortie : 5.0
-- print(diviserAssert(10, 0))    -- ERREUR : ...fichier.lua:4: Impossible de
diviser par zéro
```

```
-- print(diviserAssert("dix", 2)) -- ERREUR : ...fichier.lua:2: Argument #1 doit
être un nombre

-- Assert peut retourner des valeurs en cas de succès
local val = assert(diviserAssert(20, 4), "Division échouée inopinément")
print("Assert a retourné :", val) -- Sortie : Assert a retourné : 5.0
```

assert est souvent préféré à if not condition then error(...) end pour sa con-
cision lors de la vérification de conditions essentielles.

Débogage

La gestion des erreurs aide votre programme à survivre aux erreurs, mais vous devez
toujours *trouver* et *corriger* les bugs sous-jacents.

- **Lisez le message d'erreur !** Les messages d'erreur de Lua sont généralement
  informatifs. Ils vous disent typiquement :
  - Le nom du fichier et le numéro de ligne où l'erreur s'est produite.
  - Une description de l'erreur (par ex., "attempt to index a nil value",
    "attempt to perform arithmetic on...", ou le message que vous avez
    fourni à error/assert).
- **Comprenez les traces de pile (Stack Traces) :** Quand une erreur se produit à
  l'intérieur d'appels de fonction imbriqués, Lua fournit souvent une **trace de
  pile**. Celle-ci montre la séquence d'appels de fonction qui a conduit à l'erreur,
  en partant du point de l'erreur et en remontant la chaîne d'appels. C'est inestimable pour comprendre le contexte dans lequel l'erreur s'est produite.
  debug.traceback() (utilisé dans l'exemple xpcall) génère ces traces.
- **Débogage par** print **:** La technique de débogage la plus simple consiste
  souvent à ajouter des instructions print à votre code pour vérifier les valeurs
  des variables à différents points, vous aidant à identifier où les choses commencent à mal tourner. print(type(variable)) est également utile.
- **Bibliothèque** debug (debug.traceback, **etc.) :** Comme mentionné,
  debug.traceback() est utile pour obtenir des informations de pile par programme, souvent dans un gestionnaire d'erreurs. La bibliothèque debug (plus
  d'infos au chapitre 12) offre des outils d'introspection plus puissants, mais ils
  sont généralement utilisés pour construire des débogueurs plutôt que dans le
  code quotidien.
- **Débogueurs externes :** Pour un débogage plus complexe, des outils dédiés ou
  des plugins d'IDE (comme ceux pour ZeroBrane Studio, VS Code, etc.) vous

permettent de définir des points d'arrêt (mettre en pause l'exécution à des lignes spécifiques), d'exécuter le code ligne par ligne, et d'inspecter les valeurs des variables de manière interactive.

Bonnes pratiques pour la gestion des erreurs

- `pcall` **pour l'imprévisible** : Utilisez `pcall` (ou `xpcall`) lorsque vous traitez des opérations qui pourraient échouer en raison de facteurs externes que vous ne pouvez pas entièrement contrôler : interaction avec le SE (E/S fichier, appels réseau), analyse d'entrée utilisateur, appel de code tiers potentiellement instable.
- `assert` **pour les vérifications de cohérence** : Utilisez `assert` pour valider les hypothèses internes, les préconditions et les postconditions dans votre propre code. Si un `assert` échoue, cela indique généralement un bug dans votre propre logique qui doit être corrigé, pas seulement géré avec élégance.
- **Messages d'erreur clairs** : Lorsque vous utilisez `error` ou `assert`, fournissez des messages qui expliquent clairement *ce qui* s'est mal passé et idéalement *pourquoi* (par ex., "Entrée invalide pour 'age' : attendait nombre entre 0 et 120, obtenu -5").
- **Validez les entrées tôt** : Vérifiez les entrées utilisateur ou les données provenant de sources externes dès qu'elles entrent dans votre système. Ne passez pas de données potentiellement invalides profondément dans la logique de votre programme.
- **Nettoyage des ressources** : Si votre code acquiert des ressources (comme ouvrir des fichiers avec `io.open` - Chapitre 12), assurez-vous que ces ressources sont libérées (par ex., `fichier:close()`) même si une erreur se produit *après* leur acquisition. `pcall` peut être utilisé autour des blocs qui utilisent des ressources, avec le code de nettoyage exécuté après le `pcall`, que ce soit un succès ou un échec. (Les finaliseurs de métatable (`__gc` - Chapitre 13) peuvent également aider au nettoyage automatique dans certains cas).

Résumé du chapitre

Ce chapitre vous a équipé des connaissances nécessaires pour gérer les erreurs d'exécution en Lua. Vous avez appris à différencier les types d'erreurs et vous êtes concentré sur les erreurs d'exécution. Nous avons exploré comment exécuter en toute sécurité du code potentiellement défaillant en utilisant `pcall` et `xpcall`, en comprenant leurs valeurs de retour et comment `xpcall` permet des gestionnaires d'erreurs personnalisés. Vous avez également appris à générer intentionnellement des erreurs dans votre propre code en utilisant `error()` pour les échecs critiques et `assert()` pour une validation concise des conditions. Nous avons brièvement abordé les stratégies de débogage comme l'interprétation des messages d'erreur, les traces de pile et l'utilisation d'instructions print. Enfin, nous avons discuté des meilleures pratiques pour décider quand et comment utiliser efficacement ces outils de gestion des erreurs.

Gérer les erreurs de manière robuste est essentiel pour construire des applications fiables. À mesure que les applications grandissent, la gestion de la complexité implique également d'organiser le code lui-même en unités logiques. Dans le prochain chapitre, nous explorerons le système de modules de Lua, qui vous permet de diviser votre code en fichiers réutilisables et de gérer proprement les dépendances.

10
Organiser votre code

Au fur et à mesure que vous avez construit des programmes de plus en plus complexes au fil des chapitres précédents, vous avez peut-être remarqué que vos fichiers de script s'allongent et deviennent potentiellement plus difficiles à naviguer. Mettre des centaines ou des milliers de lignes de code, y compris des fonctions, des variables et des structures de contrôle, dans un seul fichier devient rapidement ingérable. C'est comme essayer de construire une maison en utilisant une seule pile géante et indifférenciée de matériaux au lieu de les organiser en murs, pièces et étages. Lua fournit une solution propre et efficace pour cela : les **modules**. Les modules vous permettent de diviser votre code en fichiers séparés et autonomes, chacun se concentrant sur une fonctionnalité spécifique. Ce chapitre vous apprendra à créer et à utiliser ces modules, en tirant parti de la fonction `require` de Lua pour construire des bases de code bien structurées, maintenables et réutilisables.

Le besoin de structure

Pourquoi mettre tout dans un seul fichier est-il un problème ?

- **La lisibilité en souffre** : Trouver une fonction spécifique ou un morceau de logique dans un fichier massif devient une corvée.
- **La maintenance devient difficile** : Changer une partie du code peut involontairement en casser une autre si tout est étroitement imbriqué. La correction de bugs nécessite de fouiller dans tout le fichier.

- **La réutilisabilité est limitée** : Si vous écrivez un ensemble utile de fonctions dans un fichier de projet, les utiliser dans un autre projet signifie copier-coller, entraînant une duplication et des incohérences potentielles si vous mettez à jour l'original.
- **La collaboration est plus difficile** : Plusieurs personnes travaillant simultanément sur le même grand fichier entraînent souvent des conflits et de la confusion.
- **Conflits de noms** : Sans une utilisation prudente de `local` (comme souligné au chapitre 5), les variables globales définies dans une partie du fichier peuvent facilement entrer en conflit avec celles définies ailleurs.

Les **Modules** résolvent ces problèmes en favorisant :

- **L'organisation** : Le code lié à une tâche spécifique (par ex., gestion des joueurs, utilitaires de fichiers, rendu de l'interface utilisateur) est regroupé dans son propre fichier.
- **La réutilisabilité** : Un module bien conçu peut être facilement utilisé (`required`) dans plusieurs projets.
- **L'encapsulation / l'espacement de noms** : Les modules n'exposent généralement qu'un ensemble spécifique de fonctions et de variables (leur interface publique), masquant les détails d'implémentation internes. Cela empêche les modifications accidentelles de l'extérieur et réduit considérablement le risque de collisions de noms globaux.
- **Une collaboration plus facile** : Différents membres de l'équipe peuvent travailler sur différents modules de manière plus indépendante.

Qu'est-ce qu'un module Lua ?

En Lua moderne, la convention standard pour créer un module est remarquablement simple :

1. Un module Lua est typiquement un fichier Lua standard (`.lua`).
2. À l'intérieur du fichier module, vous définissez des fonctions et des variables, de préférence en utilisant le mot-clé `local` pour les garder privées au module par défaut.
3. Vous créez une table (souvent nommée `M` ou quelque chose de descriptif par convention) dans le fichier module.
4. Vous ajoutez les fonctions et variables que vous voulez rendre *publiques* (accessibles depuis l'extérieur du module) comme champs à cette table.
5. À la toute fin du fichier module, vous `return` cette table.

Cette table retournée *est* le module du point de vue du code qui l'utilise. Elle agit comme un conteneur ou un espace de noms pour la fonctionnalité publique du module.

Créer un module simple

Créons un module de base pour des fonctions utilitaires simples sur les chaînes de caractères.

1. Créez un nouveau fichier nommé utilschaines.lua.
2. Ajoutez le code suivant à utilschaines.lua :

```lua
-- utilschaines.lua
-- Un module simple pour les utilitaires de chaînes

-- Crée la table qui sera retournée comme interface du module
local M = {}

-- Fonction d'aide interne (non exposée publiquement)
local function estChaineValide(s)
  return type(s) == "string"
end

-- Fonction publique : Vérifie si une chaîne est vide ou nil
function M.estVide(s)
  return s == nil or s == ""
end

-- Fonction publique : Répète une chaîne N fois
-- (Nous avons déjà string.rep, mais c'est pour l'illustration)
function M.repeterChaine(s, n)
  if not estChaineValide(s) or type(n) ~= "number" or n < 0 then
    -- Utilisation de error discutée au chapitre 9
    error("Arguments invalides pour repeterChaine", 2)
  end
  local resultat = ""
  for i = 1, n do
    resultat = resultat .. s
  end
  return resultat
end

-- Variable publique (moins courant, mais possible)
M.version = "1.0"
```

```
-- Retourne la table d'interface publique
return M
```

Points clés dans cet exemple :

- `local M = {}` : Nous créons une table locale `M` pour contenir notre interface publique.
- `local function estChaineValide...` : Cette fonction d'aide est `local` et *n'est pas* ajoutée à `M`, elle ne peut donc pas être appelée directement depuis l'extérieur du module. C'est un détail d'implémentation.
- `function M.estVide...` et `function M.repeterChaine...` : Ces fonctions sont ajoutées comme champs à la table `M` en utilisant la notation par point. Elles font partie de l'interface publique.
- `M.version = "1.0"` : Nous pouvons également ajouter des variables à l'interface publique.
- `return M` : L'étape cruciale finale qui rend la table `M` disponible pour le code qui requiert ce module.

Utiliser des modules

Maintenant que nous avons notre module `utilschaines.lua`, comment l'utiliser dans un autre fichier Lua (disons, `principal.lua`) ? Nous utilisons la fonction intégrée `require`.

`require` prend un seul argument : une chaîne représentant le **nom du module**. Par convention, c'est généralement le nom de fichier *sans* l'extension `.lua`.

1. Créez un fichier nommé `principal.lua` dans le **même répertoire** que `utils-chaines.lua`.
2. Ajoutez le code suivant à `principal.lua` :

```
-- principal.lua
-- Un script qui utilise le module utilschaines

-- Utilise 'require' pour charger le module.
-- La table retournée (M de utilschaines.lua) est stockée dans la variable
locale 'utilschaines'.
local utilschaines = require("utilschaines")

-- Maintenant, nous pouvons appeler les fonctions publiques en utilisant le nom
de la variable :
```

```
local nom = ""
if utilschaines.estVide(nom) then
  print("Le nom est vide.")
end

local separateur = utilschaines.repeterChaine("=", 10)
print(separateur)

print("Version des Utilitaires de Chaînes :", utilschaines.version)

-- Essayer d'accéder à la fonction interne échouera :
-- print(utilschaines.estChaineValide) -- Ceci afficherait 'nil'
-- utilschaines.estChaineValide("test") -- Ceci causerait une erreur (tentative
d'appeler une valeur nil)

-- Essayer de le requérir à nouveau :
print("\nRequiert à nouveau...")
local utilschaines_encore = require("utilschaines")

-- Vérifie si c'est exactement la même table (ça devrait l'être !)
if utilschaines == utilschaines_encore then
  print("require a retourné la même table en cache.")
end
```

Exécutez `principal.lua` depuis votre terminal :

```
lua principal.lua
```

Sortie :

```
Le nom est vide.
==========
Version des Utilitaires de Chaînes : 1.0

Requiert à nouveau...
require a retourné la même table en cache.
```

Comment `require` fonctionne :

1. **Recherche** : `require("nommodule")` cherche un fichier qui peut fournir le
   module "nommodule". Il cherche dans une liste spécifique de chemins définie
   dans `package.path` (plus d'infos ensuite). Il cherche typiquement `nommod-
   ule.lua`.

2. **Vérification du cache** : Avant de charger, `require` vérifie si le module "nom-module" a *déjà* été chargé en regardant dans la table `package.loaded`.

3. **Chargement et Exécution (si non mis en cache)** : Si le module n'est pas en cache, `require` trouve le fichier correspondant (par ex., `utilschaines.lua`), le charge et exécute son code Lua de haut en bas.

4. **Mise en cache du résultat** : `require` prend la valeur retournée par le fichier module (dans notre cas, la table `M`) et la stocke dans `package.loaded["nommod-ule"]`.

5. **Valeur de retour** : `require` retourne la valeur récupérée du cache (soit nouvellement stockée, soit trouvée à l'étape 2).

Parce que `require` met le résultat en cache, le code d'un module n'est exécuté qu'**une seule fois**, peu importe combien de fois vous le `require` dans votre projet. Les appels suivants retournent simplement la table module déjà chargée, assurant l'efficacité et empêchant les effets de bord de s'exécuter plusieurs fois.

Comprendre `package.path`

Comment `require` sait-il où chercher `utilschaines.lua` ? Il utilise une chaîne de chemin de recherche stockée dans `package.path`. C'est juste une chaîne Lua régulière contenant une séquence de **modèles** (templates), séparés par des points-virgules (;). Chaque modèle indique à `require` où chercher un fichier, en utilisant un point d'interrogation (?) comme espace réservé pour le nom du module.

Vous pouvez voir le chemin par défaut de votre système en l'affichant :

```
print(package.path)
```

La sortie variera en fonction de votre système d'exploitation et de votre installation Lua, mais elle pourrait ressembler à quelque chose comme ceci (simplifié) :

- **Linux/macOS** : `./?.lua;./?/init.lua;/usr/local/share/lua/5.4/?.lua;/usr/local/share/lua/5.4/?/init.lua;...`
- **Windows** : `.\?.lua;.\?\init.lua;C:\Program Files\Lua\5.4\lua\?.lua;C:\Program Files\Lua\5.4\lua\?\init.lua;...`

Lorsque vous appelez `require("utilschaines")` :

1. Lua remplace ? dans le premier modèle (`./?.lua`) par "utilschaines", résultant en `./utilschaines.lua`.

2. Il vérifie si un fichier existe à ce chemin relatif au répertoire courant (.). S'il le trouve, il le charge.
3. S'il ne le trouve pas, il essaie le modèle suivant (./?/init.lua), cherchant ./utilschaines/init.lua.
4. Il continue ce processus à travers tous les modèles dans `package.path` jusqu'à ce qu'il trouve un fichier correspondant ou épuise le chemin (auquel cas `require` lève une erreur).

Le motif `?/init.lua` est utilisé pour les "packages" contenant plusieurs modules (voir section suivante).

Habituellement, vous n'avez pas besoin de modifier `package.path` directement. Placer vos fichiers modules dans le même répertoire que le script qui les requiert, ou dans des sous-répertoires, fonctionne souvent car ./?.lua (répertoire courant) est typiquement inclus tôt dans le chemin. Pour les projets plus grands ou les bibliothèques partagées, vous pourriez définir la variable d'environnement `LUA_PATH` avant d'exécuter Lua, ce qui préfixe sa valeur au `package.path` par défaut.

Packages

À mesure que les projets grandissent, même organiser le code en fichiers modules individuels peut ne pas suffire. Vous pourriez vouloir regrouper des modules liés. C'est là que les **packages** interviennent. Un package n'est pas une construction spéciale en Lua ; c'est simplement une convention pour organiser les modules en utilisant des répertoires.

Imaginez que vous construisez un petit jeu et que vous voulez séparer les utilitaires de dessin des calculs physiques. Vous pourriez créer une structure de répertoires comme celle-ci :

```
monjeu/
├── principal.lua
├── moteur/
│   ├── init.lua        (Point d'entrée principal optionnel pour le package
'moteur')
│   ├── dessin.lua       (Fonctions de dessin)
│   └── physique.lua    (Calculs physiques)
└── utilitaires/
    └── aides_chaines.lua
```

Pour utiliser les modules de ces sous-répertoires dans `principal.lua`, vous utilisez un point (.) dans la chaîne `require` pour représenter le séparateur de répertoires :

```lua
-- principal.lua

-- Requiert le module de dessin du répertoire 'moteur'
local dessin = require("moteur.dessin")

-- Requiert le module de physique
local physique = require("moteur.physique")

-- Requiert les aides de chaînes
local aidesChaines = require("utilitaires.aides_chaines")

-- Vous *pourriez* aussi potentiellement requérir le package 'moteur' lui-même
-- si moteur/init.lua existe et retourne quelque chose d'utile.
-- local coeurMoteur = require("moteur")

dessin.rectangle(10, 10, 50, 30)
local pos = physique.majPosition({x=0, y=0}, {dx=1, dy=2}, 0.1)
local formate = aidesChaines.trim("  espaces en trop  ")
```

Quand Lua voit `require("moteur.dessin")`, il remplace le . par le séparateur de répertoire approprié (comme / ou \) lorsqu'il essaie les modèles dans `package.path`. Par exemple, en utilisant le modèle `./?.lua`, il chercherait `./moteur/dessin.lua`. En utilisant `./?/init.lua`, il chercherait `./moteur/dessin/init.lua`.

Cette organisation basée sur les répertoires rend la gestion de collections plus importantes de modules liés beaucoup plus propre.

La bibliothèque `package`

Lua fournit une table globale `package` qui contient des informations et des fonctions liées au chargement de modules. Nous avons déjà rencontré certaines parties :

- `package.path` : La chaîne du chemin de recherche pour les modules Lua.

- `package.loaded` : Une table utilisée par `require` pour mettre en cache les modules chargés. Les clés sont les noms des modules (par ex., `"utils-chaines"`, `"moteur.dessin"`), et les valeurs sont les résultats retournés par les fichiers modules (généralement les tables modules). Vous pouvez inspecter cette table pour voir ce qui est chargé.

```
local utilschaines = require("utilschaines")
print(package.loaded["utilschaines"] == utilschaines) -- Sortie : true
```

- package.preload : Une table où vous pouvez enregistrer manuellement des
  "fonctions de chargement" (loader functions) pour des noms de modules spécifiques *avant* que require ne cherche dans package.path. Lorsque
  require("nommodule") est appelé, si package.preload["nommodule"] existe
  et est une fonction, require appelle cette fonction au lieu de chercher dans le
  système de fichiers. C'est utile pour intégrer des modules directement dans
  votre script ou les charger depuis des sources non standard.

```
-- Pré-enregistre un chargeur pour un module virtuel 'mod_virtuel'
package.preload["mod_virtuel"] = function()
  print("Chargement de mod_virtuel...")
  local M = {}
  M.saluer = function() print("Bonjour depuis le module virtuel !") end
  return M
end

local mv = require("mod_virtuel") -- Exécute la fonction preload
mv.saluer()
-- Sortie :
-- Chargement de mod_virtuel...
-- Bonjour depuis le module virtuel !
```

- package.cpath : Similaire à package.path, mais c'est le chemin de recherche
  utilisé par require lorsqu'il cherche des **bibliothèques C** (bibliothèques
  dynamiques comme .so, .dll). Nous aborderons l'intégration C au chapitre
  14.

Une approche plus ancienne

Dans du code Lua plus ancien (antérieur à Lua 5.1, bien qu'elle ait persisté), vous pourriez rencontrer une manière différente de définir des modules en utilisant une fonction globale module() :

```
-- module_ancienstyle.lua (N'ÉCRIVEZ PAS DE NOUVEAU CODE COMME ÇA)
module("module_ancienstyle", package.seeall)

-- Les fonctions définies ici deviennent GLOBALES par défaut dans
l'environnement du module
```

```
function saluer()
  print("Bonjour depuis module_ancienstyle !")
end

-- Les variables deviennent aussi globales dans le module sauf si marquées local
version = "0.1"
```

Utiliser ce module impliquerait :

```
-- principal_utilisant_ancienstyle.lua
require("module_ancienstyle")

-- Les fonctions/variables du module sont accédées directement comme des
globales
module_ancienstyle.saluer()
print(module_ancienstyle.version)
```

La fonction `module(...)` effectuait une configuration complexe en arrière-plan, créant une table d'environnement pour le module et faisant souvent apparaître les variables globales à l'intérieur du module comme des champs d'une table globale nommée d'après le module. `package.seeall` était souvent utilisé pour accorder au module l'accès aux variables globales existantes.

Pourquoi cette approche est-elle maintenant découragée et le motif `require/` **retour-table préféré ?**

- **Pollution globale** : La fonction `module()` reposait intrinsèquement sur la création de variables globales (la table module elle-même, et potentiellement son contenu si l'on n'était pas prudent), augmentant le risque de conflits de noms.
- **Exportations implicites** : Il n'était pas toujours immédiatement clair quelles fonctions/variables étaient destinées à être publiques. Tout ce qui n'était pas explicitement `local` pouvait devenir partie de la table ou de l'environnement du module.
- **Dépendances moins claires** : L'option `package.seeall` rendait plus difficile le suivi des globales externes dont dépendait un module.
- **Complexité** : La manipulation d'environnement effectuée par `module()` était plus complexe que l'approche directe de retour de table.

Le motif moderne `local M = {}; ...; return M` combiné avec `local monMod = require("monMod")` est beaucoup plus explicite, plus propre, évite la pollution de l'espace de noms global, et constitue la pratique standard dans la grande majorité des projets Lua actuels. Tenez-vous-en à ce motif !

Conseils de conception de modules

- **Gardez les modules ciblés** : Visez des modules qui font bien une chose (ou gèrent un domaine de préoccupation spécifique). Cela suit le Principe de Responsabilité Unique et rend les modules plus faciles à comprendre, tester et réutiliser.
- **Minimisez les dépendances** : Si possible, concevez des modules pour avoir peu de dépendances envers d'autres modules. Cela réduit le couplage et rend votre système global plus flexible.
- **N'exportez que ce qui est nécessaire** : Utilisez `local` pour toutes les fonctions et variables d'aide internes. N'ajoutez à la table module retournée que les fonctions/variables qui font vraiment partie de l'Interface de Programmation d'Application (API) publique du module.
- **Nommage clair** : Choisissez des noms clairs et descriptifs pour vos fichiers modules (par ex., `parseur_json.lua`, `utilitaires_reseau.lua`) et pour les fonctions/variables dans leur interface publique.
- **Cohérence** : Utilisez une convention cohérente pour nommer la table module à l'intérieur du fichier (par ex., toujours `local M = {}`) et pour nommer les fonctions (par ex., `camelCase` ou `snake_case`).

Résumé du chapitre

Dans ce chapitre, vous avez appris la technique essentielle pour organiser le code Lua en unités gérables : les **modules**. Nous avons exploré le motif standard de création d'un module comme un fichier Lua qui définit des fonctions/variables locales, peuple une table avec son interface publique, et retourne cette table. Vous avez appris à charger et utiliser ces modules en utilisant la fonction `require`, en comprenant son mécanisme de mise en cache et comment elle utilise `package.path` pour trouver les fichiers. Nous avons également couvert comment structurer des modules liés en packages en utilisant des répertoires et des points (.) dans les chaînes `require`. Tout en mentionnant brièvement l'ancienne fonction `module()`, nous avons souligné pourquoi l'approche moderne de retour de table est supérieure. Enfin, nous avons discuté des meilleures pratiques pour concevoir des modules propres, réutilisables et maintenables.

Organiser le code avec des modules est crucial pour la scalabilité. Parfois, au sein d'un module ou entre modules, vous avez besoin que des parties de votre programme gèrent des tâches qui semblent s'exécuter simultanément, se mettant en pause et reprenant sans bloquer l'application entière. Lua fournit un mécanisme unique et léger pour cela appelé **coroutines**, que nous explorerons dans le prochain chapitre.

11

Multitâche coopératif

Au chapitre 10, nous avons appris à structurer de plus grands projets Lua en utilisant des modules, organisant le code lié en fichiers séparés. Cela aide à gérer la complexité d'un point de vue structurel. Cependant, la complexité réside parfois dans le flux d'exécution lui-même. Imaginez devoir gérer plusieurs connexions réseau simultanément, lire les données d'un grand fichier morceau par morceau sans tout charger en mémoire, ou implémenter une IA de personnage complexe dans un jeu où différents comportements doivent se mettre en pause et reprendre.

Les threads traditionnels du système d'exploitation peuvent gérer la concurrence, mais ils s'accompagnent souvent d'une surcharge importante et de complexités liées à la synchronisation (empêcher plusieurs threads d'interférer avec les données partagées). Lua offre une solution différente, remarquablement légère et élégante, appelée **coroutines**. Les coroutines fournissent un mécanisme de **multitâche coopératif**, vous permettant d'écrire des tâches concurrentes qui cèdent explicitement le contrôle les unes aux autres, toutes s'exécutant au sein d'un seul thread du SE.

Que sont les coroutines ?

Pensez à une coroutine comme à une fonction qui a la capacité de mettre en pause son exécution à certains points, puis de reprendre plus tard, exactement là où elle s'est arrêtée. Contrairement aux fonctions régulières, qui s'exécutent jusqu'à ce qu'elles retournent ou génèrent une erreur, les coroutines peuvent se suspendre volontairement en utilisant `coroutine.yield()` et être réactivées plus tard en utilisant `coroutine.resume()`.

Caractéristiques clés des coroutines Lua :

1. **Pas de vrais threads parallèles** : C'est crucial. Toutes les coroutines d'un programme Lua standard s'exécutent séquentiellement dans le *même* thread du système d'exploitation. Une seule coroutine s'exécute à un moment donné. Elles fournissent la concurrence (gestion de plusieurs tâches logiques au fil du temps) mais pas le parallélisme (plusieurs tâches s'exécutant simultanément sur différents cœurs de CPU).
2. **Multitâche coopératif** : Les coroutines décident elles-mêmes quand se mettre en pause (yield). Elles coopèrent en cédant explicitement le contrôle. Cela contraste avec le multitâche *préemptif* (utilisé par les threads du SE), où le système d'exploitation décide quand interrompre un thread et passer à un autre, que le thread le veuille ou non.
3. **Légèreté** : Créer et gérer des coroutines est très efficace en Lua. Vous pouvez avoir des milliers voire des dizaines de milliers de coroutines en cours d'exécution sans la lourde surcharge mémoire et de commutation de contexte associée aux threads du SE.
4. **Transfert de données Resume/Yield** : Les coroutines peuvent renvoyer des données à la fonction qui reprend lorsqu'elles cèdent, et la fonction qui reprend peut envoyer des données à la coroutine lorsqu'elle reprend. Cela permet une communication bidirectionnelle puissante.

Pensez-y comme des joueurs dans un jeu de société au tour par tour. Chaque joueur (coroutine) joue son tour (s'exécute) jusqu'à ce qu'il décide que son tour est terminé (yield). Ensuite, le contrôle passe au joueur suivant (une autre coroutine est reprise).

La bibliothèque `coroutine`

Lua fournit une table de bibliothèque standard nommée `coroutine` contenant les fonctions nécessaires pour créer et gérer les coroutines.

Créer et exécuter des coroutines

coroutine.create(func)

Cette fonction crée une nouvelle coroutine basée sur la fonction Lua func. Elle ne démarre pas la coroutine ; elle empaquette simplement la fonction dans un objet coroutine et le retourne. Le type de cet objet est "thread".

```
local function maTacheCoroutine()
  print("Coroutine : Démarrage de la tâche...")
  coroutine.yield() -- Met en pause l'exécution ici
  print("Coroutine : Reprise de la tâche...")
  print("Coroutine : Tâche terminée.")
end

-- Crée la coroutine, mais ne l'exécute pas encore
local co = coroutine.create(maTacheCoroutine)

print("Type de la coroutine :", type(co))      -- Sortie : Type de la coroutine :
thread
print("Statut de la coroutine :", coroutine.status(co)) -- Sortie : Statut de la
coroutine : suspended
```

coroutine.resume(co, arg1, ...)

Cette fonction démarre ou reprend l'exécution de la coroutine co.

- co : L'objet coroutine retourné par coroutine.create.
- arg1, ... : Tous les arguments à passer *à l'intérieur* de la coroutine.
  - Lors du **premier** appel à resume, ces arguments sont passés comme paramètres à la fonction principale de la coroutine (maTacheCoroutine dans l'exemple).
  - Lors des appels **suivants** à resume, ces arguments deviennent les **valeurs de retour** de l'appel coroutine.yield() qui a précédemment suspendu la coroutine.

Valeurs de retour : coroutine.resume retourne toujours un statut booléen en premier.

- **En cas de succès (La coroutine cède ou termine normalement)** : Retourne true suivi de tous les arguments passés à coroutine.yield() (si elle a cédé) ou de toutes les valeurs retournées par la fonction de la coroutine (si elle a terminé).

- **En cas d'échec (Erreur à l'intérieur de la coroutine)** : Retourne `false` suivi du message d'erreur ou de l'objet d'erreur.

Reprenons la coroutine que nous avons créée :

```
print("\nReprise de la coroutine pour la première fois :")
local succes, resultat_yield1 = coroutine.resume(co)
print("Statut de reprise :", succes)
print("Valeur de yield :", resultat_yield1) -- Sera nil car yield() n'avait pas
d'args
print("Statut coroutine après yield :", coroutine.status(co))

print("\nReprise de la coroutine à nouveau (en passant une valeur) :")
local succes2, resultat_final = coroutine.resume(co, "Données du principal")
print("Statut de reprise :", succes2)
-- 'resultat_final' contiendrait les valeurs de retour si la fonction de tâche
avait retourné quelque chose
print("Statut coroutine après fin :", coroutine.status(co))

print("\nEssai de reprendre une coroutine terminée :")
local succes3, msgErreur = coroutine.resume(co)
print("Statut de reprise :", succes3)
print("Message d'erreur :", msgErreur)
```

Sortie :

```
Type de la coroutine : thread
Statut de la coroutine : suspended

Reprise de la coroutine pour la première fois :
Coroutine : Démarrage de la tâche...
Statut de reprise : true
Valeur de yield :        nil
Statut coroutine après yield : suspended

Reprise de la coroutine à nouveau (en passant une valeur) :
Coroutine : Reprise de la tâche...
Coroutine : Tâche terminée.
Statut de reprise : true
Statut coroutine après fin : dead

Essai de reprendre une coroutine terminée :
Statut de reprise : false
```

Mettre en pause l'exécution

coroutine.yield(val1, ...)

Cette fonction est appelée *depuis l'intérieur* d'une coroutine en cours d'exécution pour suspendre son exécution.

- val1, ... : Toutes les valeurs que la coroutine veut renvoyer à la fonction qui a appelé coroutine.resume. Celles-ci deviennent les résultats retournés par resume (après le statut initial true).

Point crucial, lorsque la coroutine est reprise plus tard (via un autre appel à coroutine.resume), l'appel à la fonction coroutine.yield lui-même **retournera** les arguments qui ont été passés à cet appel resume.

Modifions notre exemple pour montrer cet échange de données :

```
local function tacheEchangeDonnees(argInitial)
  print("Coroutine : Démarrée avec l'argument :", argInitial)

  -- Cède, renvoyant une valeur à celui qui reprend
  local argReprise1 = coroutine.yield("La coroutine a besoin de données")
  print("Coroutine : Reprise avec l'argument :", argReprise1)

  -- Cède à nouveau, envoyant une autre valeur
  local argReprise2 = coroutine.yield("Coroutine a terminé l'étape 1")
  print("Coroutine : Reprise avec l'argument :", argReprise2)

  return "Tâche terminée !" -- Valeur de retour finale
end

local co = coroutine.create(tacheEchangeDonnees)

print("--- Première Reprise ---")
local statut1, valCedee1 = coroutine.resume(co, "Valeur Initiale")
print("Principal : Statut :", statut1, "Cédé :", valCedee1)
print("Principal : Statut coroutine :", coroutine.status(co))

print("\n--- Deuxième Reprise ---")
local statut2, valCedee2 = coroutine.resume(co, "Paquet de Données A")
print("Principal : Statut :", statut2, "Cédé :", valCedee2)
```

```
print("Principal : Statut coroutine :", coroutine.status(co))

print("\n--- Troisième Reprise ---")
local statut3, retourFinal = coroutine.resume(co, "Paquet de Données B")
print("Principal : Statut :", statut3, "Retour Final :", retourFinal)
print("Principal : Statut coroutine :", coroutine.status(co))
```

Sortie :

```
--- Première Reprise ---
Coroutine : Démarrée avec l'argument :        Valeur Initiale
Principal : Statut :    true   Cédé :  La coroutine a besoin de données
Principal : Statut coroutine : suspended

--- Deuxième Reprise ---
Coroutine : Reprise avec l'argument :        Paquet de Données A
Principal : Statut :    true   Cédé :  Coroutine a terminé l'étape 1
Principal : Statut coroutine : suspended

--- Troisième Reprise ---
Coroutine : Reprise avec l'argument :        Paquet de Données B
Principal : Statut :    true   Retour Final : Tâche terminée !
Principal : Statut coroutine : dead
```

Cela montre clairement la communication aller-retour.

Vérifier l'état

coroutine.status(co)

Comme vu dans les exemples, cette fonction retourne une chaîne indiquant l'état actuel de la coroutine co :

- "running" (en cours d'exécution) : La coroutine est actuellement en cours d'exécution (cela ne peut être vrai que pour la coroutine qui *appelle* status sur elle-même).
- "suspended" (suspendue) : La coroutine est en pause (soit fraîchement créée, soit après avoir appelé yield).
- "normal" : La coroutine est active mais n'est pas celle qui s'exécute actuellement (c'est-à-dire qu'elle a repris une autre coroutine). Cet état est moins couramment rencontré directement.

- "dead" (morte) : La coroutine a terminé l'exécution de sa fonction principale (soit normalement, soit à cause d'une erreur non gérée attrapée par `resume`). Les coroutines mortes ne peuvent pas être reprises à nouveau.

Une manière plus simple

Gérer explicitement le cycle `resume`/`yield` peut parfois être verbeux, surtout pour des cas plus simples comme les itérateurs. `coroutine.wrap` fournit une alternative pratique.

`coroutine.wrap(func)` crée une coroutine à partir de `func`, tout comme `coroutine.create`, mais au lieu de retourner l'objet coroutine, elle retourne une **nouvelle fonction**. Appeler cette nouvelle fonction appelle effectivement `coroutine.resume` sur la coroutine cachée.

- Les arguments passés à la fonction enveloppée sont passés à `resume`.
- Les valeurs cédées par la coroutine sont retournées par l'appel de la fonction enveloppée.
- Si la coroutine lève une erreur, l'erreur est propagée par l'appel de la fonction enveloppée (elle n'est pas attrapée comme avec `resume`).

Exemple : Générateur simple utilisant `wrap`

```
local function compterJusqua(n)
  print("Coroutine compteur démarre...")
  for i = 1, n do
    coroutine.yield(i) -- Cède le prochain nombre
  end
  print("Coroutine compteur terminée.")
  -- Pas de retour explicite nécessaire pour ce style de générateur
end

-- Crée la fonction enveloppée (le générateur)
local prochainNombre = coroutine.wrap(compterJusqua)

print("Appel du générateur pour n=3 :")
print("Obtenu :", prochainNombre(3)) -- Le premier appel passe '3' comme
argument à compterJusqua
print("Obtenu :", prochainNombre()) -- Les appels suivants reprennent
print("Obtenu :", prochainNombre())
-- Le prochain appel terminera la boucle et causera potentiellement une erreur
si appelé à nouveau
-- selon la façon dont la fonction enveloppée gère la fin de la coroutine.
-- Essayons de l'appeler à nouveau après qu'elle devrait être terminée :
```

```
print("Obtenu :", prochainNombre()) -- Ceci pourrait retourner nil ou une erreur
selon la version/contexte Lua

-- Ré-exécutons pour montrer qu'elle se termine dans la boucle
local prochainNombre2 = coroutine.wrap(compterJusqua)
print("\nAppel du générateur pour n=2 :")
for i=1, 3 do -- essaie d'obtenir 3 nombres
    local nb = prochainNombre2(2) -- l'argument '2' n'importe que lors du
premier appel
    if nb == nil then
        print("Générateur terminé à l'itération", i)
        break
    end
    print("Obtenu :", nb)
end
```

Sortie :

```
Appel du générateur pour n=3 :
Coroutine compteur démarre...
Obtenu :          1
Obtenu :          2
Obtenu :          3
Coroutine compteur terminée.
Obtenu :          nil -- Exemple : Lua 5.4 retourne nil après la fin de la
coroutine

Appel du générateur pour n=2 :
Coroutine compteur démarre...
Obtenu :          1
Obtenu :          2
Coroutine compteur terminée.
Générateur terminé à l'itération 3
```

coroutine.wrap est souvent beaucoup plus propre lorsque l'objectif principal est de créer une fonction itérateur ou générateur.

Cas d'utilisation courants des coroutines

Les coroutines excellent dans les scénarios impliquant des tâches séquentielles coopératives qui doivent se mettre en pause et reprendre.

1. **Itérateurs / Générateurs :** Comme vu avec coroutine.wrap, elles sont parfaites pour créer des fonctions qui génèrent une séquence de valeurs une par

une, cédant chaque valeur au besoin. Cela évite de générer toute la séquence à l'avance, économisant de la mémoire (par ex., lire les lignes d'un fichier énorme).

2. **Simulation d'opérations asynchrones** : Dans des environnements comme les moteurs de jeu ou les serveurs web qui gèrent des E/S non bloquantes (entrées/sorties), les coroutines vous permettent d'écrire du code asynchrone dans un style plus synchrone. Par exemple, vous pourriez demander des données à un réseau, `yield` la coroutine, et la boucle d'événements reprend la coroutine plus tard lorsque les données arrivent. Cela évite les callbacks profondément imbriqués ("l'enfer des callbacks").

3. **Machines à états** : Implémentation de flux logiques complexes (comme le comportement de l'IA ou les séquences d'interaction de l'interface utilisateur) où l'entité progresse à travers différents états, se mettant potentiellement en pause dans chaque état pour attendre des événements ou que le temps passe. Les coroutines modélisent naturellement ces pauses et transitions.

4. **Modèle Producteur/Consommateur** : Une coroutine (le producteur) génère des éléments de données et les `yield`. Une autre coroutine (le consommateur) `resume` le producteur pour obtenir l'élément suivant, le traite, puis `resume` le producteur à nouveau. Cela permet aux données de circuler entre elles sans nécessiter de grands tampons intermédiaires.

Coroutines vs Threads du système d'exploitation

Il est vital de réitérer la différence :

Caractéristique	Coroutines Lua	Threads SE
Ordonnancement	Coopératif (`yield` explicite)	Préemptif (le SE décide)
Parallélisme	Aucun (un seul thread SE)	Parallélisme CPU potentiel vrai
Coût Ressource	Très faible	Plus élevé (mémoire, commut. ctx)
Partage Données	Plus simple (pas de verrous gén.)	Complexe (nécessite verrous, mutex)

Tâches CPU-intens.	Non adapté pour accélération	Peut accélérer sur CPU multi-cœurs

Utilisez les coroutines pour gérer des tâches *logiques* concurrentes, des opérations asynchrones et des flux complexes avec état au sein d'un seul thread. Utilisez les threads du SE (souvent via des bibliothèques externes ou l'API C de Lua) lorsque vous avez besoin d'une véritable exécution parallèle pour accélérer les calculs intensifs en CPU sur des processeurs multi-cœurs.

Résumé du chapitre

Dans ce chapitre, vous avez exploré la fonctionnalité de multitâche coopératif de Lua : les coroutines. Vous avez appris qu'elles sont des fonctions capables d'être suspendues avec `coroutine.yield` et reprises avec `coroutine.resume`, facilitant l'échange de données pendant ces transitions. Nous avons couvert comment les créer avec `coroutine.create`, vérifier leur état avec `coroutine.status`, et utiliser la fonction pratique `coroutine.wrap` pour créer des fonctions de type itérateur. Nous avons exploré les cas d'utilisation courants comme les générateurs, la simulation asynchrone, les machines à états et le modèle producteur-consommateur. De manière critique, nous avons distingué les coroutines coopératives s'exécutant dans un seul thread SE des threads SE préemptifs capables de véritable parallélisme.

Les coroutines sont un outil sophistiqué dans votre arsenal Lua. Elles font partie de la bibliothèque standard de Lua, qui fournit de nombreux autres outils utiles pour les tâches courantes. Dans le prochain chapitre, nous ferons un tour d'horizon de ces bibliothèques standard, explorant les capacités intégrées pour les mathématiques, l'interaction avec le système d'exploitation, les E/S de fichiers, le débogage, et plus encore.

12

Explorer les outils intégrés de Lua

Le langage principal de Lua, avec ses variables, ses structures de contrôle, ses fonctions et ses tables, est remarquablement simple et élégant. Cependant, les programmes du monde réel doivent effectuer des tâches au-delà du calcul de base – ils doivent calculer la trigonométrie, interagir avec le système d'exploitation, lire et écrire des fichiers, manipuler efficacement des structures de données, et parfois même regarder sous le capot pour le débogage. Lua ne surcharge pas son cœur avec toutes ces fonctionnalités ; à la place, il fournit une collection de **bibliothèques standard**, qui sont des modules pré-construits automatiquement disponibles dans tout environnement Lua standard. Ces bibliothèques vous donnent des outils prêts à l'emploi pour un large éventail de tâches courantes, vous évitant d'avoir à les écrire vous-même. Ce chapitre vous emmène faire une visite guidée des bibliothèques standard les plus importantes, mettant en valeur la puissance et la commodité qu'elles offrent.

La puissance des bibliothèques incluses

Pensez au langage principal de Lua comme à un atelier de base avec des outils essentiels comme des marteaux et des tournevis. Les bibliothèques standard sont comme des kits d'outils spécialisés placés sur les étagères – un kit de trigonométrie, un kit de gestion de fichiers, un kit d'interaction système. Vous n'êtes *pas* obligé de les utiliser, mais elles sont là quand vous en avez besoin, étendant considérablement ce que vous pouvez construire sans nécessiter l'installation de quoi que ce soit d'autre. Apprendre ce qui est disponible dans ces bibliothèques vous évite de "réinventer la roue" et vous permet de tirer parti d'implémentations efficaces et bien testées fournies par les créateurs de Lua eux-mêmes.

Nous avons déjà rencontré implicitement certaines bibliothèques standard : la bibliothèque `string` (Chapitre 8) fournissait des fonctions comme `string.gsub`, et la bibliothèque `coroutine` (Chapitre 11) nous a donné `coroutine.create` et `coroutine.yield`. Explorons maintenant les autres.

Puissance mathématique

La bibliothèque `math` fournit une collection standard de fonctions et de constantes mathématiques. Si vous avez besoin de faire plus que de l'arithmétique de base, cette bibliothèque est votre amie.

- **Fonctions trigonométriques** : Opèrent en *radians*, pas en degrés !

    - `math.sin(rad)`, `math.cos(rad)`, `math.tan(rad)`
    - `math.asin(val)`, `math.acos(val)`, `math.atan(val)`
    - `math.atan2(y, x)` (Calcule atan(y/x), gérant correctement les signes pour trouver le quadrant)
    - `math.rad(deg)` : Convertit les degrés en radians.
    - `math.deg(rad)` : Convertit les radians en degrés.

```
local angle_deg = 45
local angle_rad = math.rad(angle_deg)
print(string.format("Le sinus de %d degrés est %.4f", angle_deg,
math.sin(angle_rad)))
-- Sortie : Le sinus de 45 degrés est 0.7071
```

- **Logarithmes et exponentielles** :

    - `math.exp(x)` : Retourne e^x.
    - `math.log(x, [base])` : Retourne le logarithme de x. Si base est omis, c'est le logarithme naturel (base *e*) ; sinon, c'est $\log_{base}(x)$. (Argument base ajouté en Lua 5.2+). `math.log10(x)` est disponible en Lua 5.1 pour la base 10.
    - `math.sqrt(x)` : Retourne la racine carrée de x (équivalent à x ^ 0.5).

- **Arrondis et parties entière/fractionnaire** :
  - `math.floor(x)` : Retourne le plus grand entier inférieur ou égal à x (arrondit vers le bas).
  - `math.ceil(x)` : Retourne le plus petit entier supérieur ou égal à x (arrondit vers le haut).
  - `math.modf(x)` : Retourne deux valeurs : la partie entière de x et la partie fractionnaire de x.

```
print(math.floor(3.9)) -- Sortie : 3
print(math.ceil(3.1))  -- Sortie : 4
local partieEntiere, partieFrac = math.modf(-2.7)
print(partieEntiere, partieFrac) -- Sortie : -2      -0.7
```

- **Constantes** :
  - `math.pi` : La valeur de π (approximativement 3.14159...).
  - `math.huge` : Une valeur représentant "l'infini" (plus grande que tout nombre représentable). Utile pour les comparaisons.
- **Nombres aléatoires** :
  - `math.randomseed(n)` : Initialise le générateur de nombres pseudo-aléatoires en utilisant n comme graine. Appelez ceci *une fois* au début de votre programme (par ex., `math.randomseed(os.time())`) pour des séquences moins prévisibles.
  - `math.random([m [, n]])` : Génère des nombres pseudo-aléatoires.
    - Appelé sans arguments : Retourne un flottant entre 0.0 (inclus) et 1.0 (exclu).
    - Appelé avec un argument entier m : Retourne un entier entre 1 et m (inclus).
    - Appelé avec deux arguments entiers m et n : Retourne un entier entre m et n (inclus).

```
math.randomseed(os.time()) -- Initialise le générateur (utilise os.time,
voir section suivante)

print(math.random())        -- Sortie : (Un flottant aléatoire comme
0.723...)
print(math.random(6))       -- Sortie : (Un entier aléatoire 1-6, comme
un lancer de dé)
print(math.random(10, 20)) -- Sortie : (Un entier aléatoire 10-20)
```

- **Min/Max et valeur absolue :**
  - `math.min(x, ...)` : Retourne la valeur minimale parmi ses arguments.
  - `math.max(x, ...)` : Retourne la valeur maximale parmi ses arguments.
  - `math.abs(x)` : Retourne la valeur absolue de x.
- **Autres utilitaires (Lua 5.3+) :** Inclut `math.type(x)` (retourne `"integer"`, `"float"`, ou nil), `math.tointeger(x)` (convertit en entier si possible), `math.ult(m, n)` (comparaison inférieure non signée).

Interagir avec le système

La bibliothèque os fournit des fonctions pour interagir avec le système d'exploitation sous-jacent, couvrant l'heure, les fichiers, les variables d'environnement et l'exécution de commandes. Ses capacités peuvent varier légèrement en fonction du SE sur lequel Lua s'exécute.

- **Heure et date :**
  - `os.time([table])` : Retourne l'heure actuelle sous forme d'horodatage (timestamp) (généralement les secondes depuis l'époque - 1er janvier 1970). Si passée une table avec les champs `year`, `month`, `day`, `hour`, `min`, `sec`, `isdst`, convertit cette date/heure en horodatage.
  - `os.date([format [, time]])` : Formate un horodatage (`time`, par défaut l'heure actuelle) en une chaîne lisible par l'homme selon la chaîne `format` (similaire à `strftime` de C). Si `format` commence par !, formate en UTC ; sinon, utilise le fuseau horaire local. Si `format` est `"*t"`, retourne une table contenant les composants date/heure (`year`, `month`, `day`, etc.).

```lua
local heureActuelle = os.time()
print("Horodatage :", heureActuelle) -- Sortie : Horodatage : (un grand
entier comme 1678886400)

-- Formate l'heure actuelle
local dateStr = os.date("%Y-%m-%d %H:%M:%S") -- Format de type ISO
print("Date/Heure actuelle :", dateStr) -- Sortie : Date/Heure
actuelle : 2023-03-15 14:00:00 (exemple)

-- Obtient les composants de date sous forme de table
local dateTable = os.date("*t", heureActuelle)
```

```
print("Année :", dateTable.year, "Mois :", dateTable.month, "Jour :",
dateTable.day)
-- Sortie : Année : 2023 Mois : 3 Jour : 15 (exemple)
```

- `os.clock()` : Retourne le temps CPU approximatif utilisé par le programme en secondes (sous forme de flottant). Utile pour des benchmarks de base.

```
local debut_cpu = os.clock()
-- Effectuer un calcul intensif ici...
local duree = os.clock() - debut_cpu
print(string.format("Le calcul a pris %.4f secondes CPU", duree))
```

- `os.difftime(t2, t1)` : Retourne la différence en secondes entre deux horodatages `t2` et `t1`.

- **Opérations sur le système de fichiers** : Celles-ci interagissent directement avec le système de fichiers du SE. Soyez prudent !

  - `os.rename(anciennom, nouveaunom)` : Renomme un fichier ou un répertoire. Retourne `true` en cas de succès, `nil` + message d'erreur en cas d'échec.
  - `os.remove(nomfichier)` : Supprime un fichier. Retourne `true` en cas de succès, `nil` + message d'erreur en cas d'échec.
  - `os.execute([commande])` : Exécute une commande shell du système d'exploitation. Retourne un code de statut (souvent 0 pour succès, non nul pour échec, mais dépendant du SE). Si appelée sans arguments, retourne `true` si un shell est disponible. *À utiliser avec une extrême prudence*, surtout avec des entrées fournies par l'utilisateur, car cela peut être un risque de sécurité.

```
-- Exemple : Vérifier si un fichier existe (utilise l'astuce rename -
pas idéal, io.open est mieux)
-- local succes, err = os.rename("monfichier.txt", "monfichier.txt")
-- if succes then print("Le fichier existe") else print("Fichier
n'existe pas ou erreur :", err) end

-- Exemple : Lister les fichiers dans le répertoire courant (commande
dépendante du SE)
-- print("Exécution de 'ls' ou 'dir' :")
-- os.execute(package.config:sub(1,1) == '\\' and 'dir' or 'ls') --
Détection basique du SE
```

- **Environnement :**
  - `os.getenv(nomvar)` : Retourne la valeur d'une variable d'environnement `nomvar`, ou `nil` si elle n'est pas définie.
  - `os.setlocale(locale [, categorie])` (Lua 5.3+) : Définit la locale actuelle pour des catégories spécifiques (comme le formatage des nombres, le formatage de l'heure).
- **Sortie et fichiers temporaires :**
  - `os.exit([code [, close]])` : Termine le programme hôte. `code` est généralement 0 pour succès, non nul pour erreur. Si `close` est true (Lua 5.2+), tente de fermer proprement l'état Lua (exécutant les finaliseurs).
  - `os.tmpname()` : Retourne une chaîne contenant un nom de fichier approprié pour un fichier temporaire. *Note : Ceci fournit juste un nom ; cela ne crée pas le fichier.*

Lecture et écriture

La bibliothèque `io` fournit des fonctions pour les opérations d'entrée et de sortie, principalement axées sur la lecture et l'écriture dans des fichiers ou les flux d'entrée/ sortie standard.

- **Flux par défaut :** Lua maintient des flux d'entrée et de sortie par défaut. Initialement, ce sont généralement l'entrée standard du programme (clavier) et la sortie standard (console).
  - `io.input([fichier])` : Définit le flux d'entrée par défaut à `fichier` (un handle de fichier ouvert ou un nom de fichier). Appelée sans arguments, retourne le handle du flux d'entrée par défaut actuel.
  - `io.output([fichier])` : Définit le flux de sortie par défaut. Appelée sans arguments, retourne le handle du flux de sortie par défaut actuel.
  - `io.read(...)` : Lit des données depuis le flux d'entrée *par défaut* selon les formats spécifiés (voir ci-dessous).
  - `io.write(...)` : Écrit ses arguments dans le flux de sortie *par défaut* (similaire à `print`, mais avec moins de formatage - pas de tabulations entre les arguments, pas de nouvelle ligne automatique).
- **Travailler explicitement avec des fichiers (Préféré) :** Il est généralement préférable de travailler avec des handles de fichiers spécifiques plutôt que de compter sur les flux par défaut.

- **Ouvrir des fichiers** : `io.open(nomfichier [, mode])`

  - Ouvre le fichier spécifié par `nomfichier` dans le `mode` donné.
  - Retourne un **handle de fichier** (file handle) objet en cas de succès, ou `nil` + message d'erreur en cas d'échec.
  - Modes courants :
    - `"r"` : Mode lecture (défaut).
    - `"w"` : Mode écriture (écrase le fichier existant ou en crée un nouveau).
    - `"a"` : Mode ajout (écrit à la fin ou crée un nouveau).
    - `"r+"` : Mode lecture/mise à jour (le fichier doit exister).
    - `"w+"` : Mode écriture/mise à jour (écrase ou crée).
    - `"a+"` : Mode ajout/mise à jour (écrit à la fin ou crée).
    - Ajouter b (par ex., `"rb"`, `"wb+"`) pour le mode binaire (important sous Windows pour empêcher la traduction des nouvelles lignes).

```
local fichier, err = io.open("mesdonnees.txt", "w") -- Ouvre en
écriture
if not fichier then
  print("Erreur à l'ouverture du fichier :", err)
  return -- Quitte si l'ouverture a échoué
end
```

- **Fermer des fichiers** : `fichier:close()` ou `io.close(fichier)`

  - Ferme le handle de fichier `fichier`, vidant toute sortie mise en tampon.
  - Il est **crucial** de fermer les fichiers que vous ouvrez, en particulier ceux ouverts en écriture, pour s'assurer que toutes les données sont sauvegardées et les ressources libérées. Utiliser `fichier:close()` est le style orienté objet idiomatique. Retourne `true` en cas de succès, ou `nil` + erreur en cas d'échec.

```
-- ... écrire dans le fichier ...
local succes, err_ferm = fichier:close()
if not succes then
  print("Erreur à la fermeture du fichier :", err_ferm)
end
```

(Astuce : Utilisez `pcall` autour des opérations sur les fichiers et assurez-vous que `close` est appelé même si des erreurs se produisent dans le bloc).

- **Lire depuis des fichiers** : `fichier:read(...)`

    - Lit des données depuis le handle de fichier `fichier` selon des formats. Mêmes formats que `io.read` :
        - `"*n"` : Lit un nombre.
        - `"*a"` : Lit tout le fichier à partir de la position actuelle.
        - `"*l"` : Lit la prochaine ligne (sans le caractère de nouvelle ligne).
        - `"*L"` : Lit la prochaine ligne (y compris le caractère de nouvelle ligne).
        - `nombre` : Lit une chaîne avec jusqu'à `nombre` octets.
    - Retourne les données lues, ou `nil` en fin de fichier.

```
local fich_entree, err = io.open("config.txt", "r")
if fich_entree then
  local premiereLigne = fich_entree:read("*l")
  print("Première ligne :", premiereLigne)
  local resteFichier = fich_entree:read("*a")
  print("Reste du fichier :", resteFichier)
  fich_entree:close()
end
```

- **Écrire dans des fichiers** : `fichier:write(...)`

    - Écrit ses arguments (qui devraient être des chaînes ou des nombres) dans le handle de fichier `fichier`. Retourne le handle de fichier en cas de succès, `nil` + erreur en cas d'échec.

```
local fich_sortie, err = io.open("log.txt", "a") -- Mode ajout
if fich_sortie then
  fich_sortie:write(os.date(), " - Programme démarré.\n")
  fich_sortie:write("Article traité : ", tostring(unArticle), "\
n")
  fich_sortie:close()
end
```

- **Itérer sur les lignes** : `fichier:lines(...)`

    - Retourne une fonction itératrice (à utiliser dans une boucle for générique) qui lit le fichier ligne par ligne. Accepte les mêmes formats de lecture que `fichier:read()`. Par défaut (`"*l"`), itère sur les lignes sans le caractère de nouvelle ligne.

```
local lignes_dans_fichier, err = io.open("entree.txt", "r")
if lignes_dans_fichier then
  local compte = 0
  for ligne in lignes_dans_fichier:lines() do -- Le format par
défaut est '*l'
    compte = compte + 1
    print(string.format("Ligne %d : %s", compte, ligne))
  end
  lignes_dans_fichier:close() -- Important !
else
  print("Impossible d'ouvrir entree.txt :", err)
end
```

- **Se déplacer** : `fichier:seek([provenance [, deplacement]])`

  - Définit la position actuelle dans le fichier.
  - provenance (chaîne) : `"set"` (depuis le début), `"cur"` (depuis la position actuelle, défaut), `"end"` (depuis la fin).
  - deplacement (nombre) : Déplacement en octets par rapport à provenance (défaut 0).
  - Retourne la position finale dans le fichier (depuis le début) ou `nil` + erreur.

Regarder sous le capot

La bibliothèque `debug` fournit des fonctions pour l'introspection – examiner l'état du programme, en particulier la pile d'exécution et les informations sur les variables. Elle est principalement destinée à la construction de débogueurs et d'outils de diagnostic, **pas pour la logique applicative générale**. L'utiliser négligemment peut exposer des détails internes et potentiellement causer des problèmes.

- `debug.getinfo(func | niveau, [quoi])` : Retourne une table contenant des informations sur une fonction ou un niveau de pile. quoi est une chaîne spécifiant quels champs inclure (par ex., `"n"` pour nom, `"S"` pour source/info ligne, `"l"` pour ligne actuelle, `"u"` pour nombre d'upvalues, `"f"` pour la fonction elle-même).
- `debug.getlocal(niveau | func, numlocal)` : Retourne le nom et la valeur de la variable locale avec l'indice numlocal au niveau de pile donné ou pour la func donnée.

- debug.getupvalue(func, numup) : Retourne le nom et la valeur de l'upvalue (une variable non locale accédée par une fermeture, voir Chapitre 5) avec l'indice numup pour la fonction func donnée.
- debug.traceback([message [, niveau]]) : Retourne une chaîne contenant une trace de pile, similaire à ce qui est montré en cas d'erreur. Utile pour journaliser un contexte d'erreur détaillé (comme vu dans l'exemple xpcall au chapitre 9).
- debug.debug() : Entre dans un mode de débogage interactif (basé sur la console), permettant l'inspection de la pile etc. Nécessite une interaction utilisateur.
- **Hooks (Crochets)** : debug.sethook(...), debug.gethook() permettent de définir des fonctions à appeler lors d'événements spécifiques (exécution de ligne, appels/retours de fonction). C'est la base des débogueurs pas à pas.

Utilisez la bibliothèque debug avec parcimonie et principalement à des fins de débogage.

Utilitaires de table

Bien que les tables soient centrales à Lua (Chapitre 6), le langage de base ne fournit que le constructeur {} et l'indexation []/.. La bibliothèque table offre des fonctions utilitaires essentielles pour manipuler les tables, en particulier lorsqu'elles sont utilisées comme des listes/tableaux.

- **Tri** : table.sort(tbl, [foncComp])

  - Trie les éléments de la table tbl **en place** (modifie la table originale).
  - Fonctionne sur la partie liste (clés entières 1 à #tbl).
  - Utilise l'opérateur < standard pour la comparaison par défaut.
  - Prend optionnellement une fonction de comparaison foncComp(a, b) qui doit retourner true si a doit venir avant b dans l'ordre trié.

```
local nombres = { 5, 1, 10, 3, -2 }
table.sort(nombres)
print(table.concat(nombres, ", ")) -- Sortie : -2, 1, 3, 5, 10

local mots = { "banane", "Pomme", "cerise" }
-- Le tri par défaut est sensible à la casse
table.sort(mots)
print(table.concat(mots, ", ")) -- Sortie : Pomme, banane, cerise

-- Trier en ignorant la casse
```

```
table.sort(mots, function(a, b) return string.lower(a) < string.lower(b)
end)
print(table.concat(mots, ", ")) -- Sortie : Pomme, banane, cerise
```

- **Insérer des éléments** : `table.insert(tbl, [pos,] valeur)`

  - Insère `valeur` dans la table `tbl` à la position entière pos.
  - Si pos est omis, insère à la fin (`#tbl + 1`).
  - Les éléments à ou après pos sont décalés vers le haut pour faire de la place.

```
local lettres = { "a", "c", "d" }
table.insert(lettres, 2, "b") -- Insère "b" à la position 2
print(table.concat(lettres, "")) -- Sortie : abcd
table.insert(lettres, "e") -- Insère "e" à la fin
print(table.concat(lettres, "")) -- Sortie : abcde
```

- **Supprimer des éléments** : `table.remove(tbl, [pos])`

  - Supprime (et retourne) l'élément à la position entière pos dans la table `tbl`.
  - Si pos est omis, supprime le *dernier* élément (`#tbl`).
  - Les éléments après pos sont décalés vers le bas pour combler le vide, gardant la séquence dense (important pour que # fonctionne correctement).

```
local articles = { 10, 20, 30, 40, 50 }
local articleSupprime = table.remove(articles, 3) -- Supprime l'élément
à l'indice 3 (30)
print("Supprimé :", articleSupprime)          -- Sortie : Supprimé : 30
print(table.concat(articles, ", "))      -- Sortie : 10, 20, 40, 50

local dernierArticle = table.remove(articles) -- Supprime le dernier
élément (50)
print("Supprimé dernier :", dernierArticle)          -- Sortie : Supprimé
dernier : 50
print(table.concat(articles, ", "))          -- Sortie : 10, 20, 40
```

- **Concaténer des éléments** : `table.concat(tbl, [sep,] [i,] [j])`

  - Retourne une chaîne formée par la concaténation des éléments de la table `tbl` de l'indice i (défaut 1) à j (défaut `#tbl`).

- Une chaîne de séparation optionnelle `sep` (défaut chaîne vide `""`) peut être insérée entre les éléments.
- Les éléments doivent être des chaînes ou des nombres (qui sont convertis en chaînes).

```lua
local parties = { "Lua", "est", "amusant" }
local phrase = table.concat(parties, " ")
print(phrase) -- Sortie : Lua est amusant

local donnees = { 1, 2, 3, 4, 5 }
local csv = table.concat(donnees, ",", 2, 4) -- Éléments 2 à 4 avec
séparateur ','
print(csv) -- Sortie : 2,3,4
```

- **Empaqueter/Dépaqueter (Arguments Variables)** : `table.pack(...)` et `table.unpack(tbl, [i,] [j])`

  - `table.pack(...)` : Prend un nombre variable d'arguments et retourne une nouvelle table contenant tous les arguments dans les clés entières (1, 2, ...), plus un champ additionnel `"n"` contenant le nombre total d'arguments. Utile pour gérer les varargs (`...`) passés à une fonction (similaire à `{...}` mais ajoute le champ `"n"`).
  - `table.unpack(tbl, [i,] [j])` : Prend une table `tbl` et retourne ses éléments (de l'indice `i` à `j`) comme des valeurs de retour séparées. Utile pour passer les éléments d'une table comme arguments distincts à une autre fonction. (En Lua 5.1, c'était une fonction globale `unpack`).

```lua
function afficherEmpaquetes(...)
  local args = table.pack(...)
  print("Nombre d'args :", args.n)
  for i = 1, args.n do
    print(" Arg", i, ":", args[i])
  end
end
afficherEmpaquetes("a", true, 10)

local mesArgs = { "Bonjour", "Monde" }
-- Passe les éléments de mesArgs comme args séparés à print :
print(table.unpack(mesArgs)) -- Sortie : Bonjour Monde
```

Gérer l'Unicode

Les fonctions standard de chaîne de Lua (comme # et string.sub) opèrent sur les **octets**. Cela fonctionne bien pour l'ASCII, où un octet équivaut à un caractère. Cependant, pour les encodages comme l'UTF-8, où les caractères peuvent s'étendre sur plusieurs octets, ces fonctions peuvent donner des résultats incorrects si vous attendez des comptages de caractères ou voulez indexer par position de caractère. Lua 5.3 a introduit la bibliothèque utf8 pour gérer correctement les chaînes encodées en UTF-8.

- utf8.len(s, [i], [j]) : Retourne le nombre de **caractères** UTF-8 dans la chaîne s (optionnellement entre les positions d'octet i et j). Retourne nil + position si la séquence n'est pas de l'UTF-8 valide.

```
local s_utf8 = "你好世界" -- "Bonjour le monde" en chinois (3 octets par
caractère)
print(#s_utf8)         -- Sortie : 12 (Nombre d'octets)
print(utf8.len(s_utf8)) -- Sortie : 4  (Nombre de caractères)
```

- utf8.codes(s) : Retourne une fonction itératrice (pour les boucles for) qui produit le point de code Unicode (un entier) pour chaque caractère dans la chaîne s.

```
for pointCode in utf8.codes("Salut Ω") do
  print(pointCode) -- Sortie : 83 (S), 97 (a), 108 (l), 117 (u), 116
(t), 32 (espace), 937 (Omega)
end
```

- utf8.char(...) : Prend des points de code Unicode entiers et retourne une chaîne encodée en UTF-8.

- utf8.offset(s, n, [i]) : Retourne la position d'octet (offset) dans la chaîne s qui correspond au n-ième caractère (en partant de la position d'octet i).

La bibliothèque utf8 est essentielle si votre application Lua doit traiter correctement du texte contenant des caractères en dehors de la plage ASCII de base.

Résumé du chapitre

Ce chapitre a fourni un tour d'horizon des puissantes bibliothèques standard de Lua, démontrant que Lua offre bien plus que sa syntaxe de base. Vous avez découvert la bibliothèque math pour les calculs, os pour l'interaction système (heure, fichiers, commandes, environnement), io pour les entrées/sorties de fichiers détaillées, la bibliothèque debug pour l'introspection (à utiliser avec précaution !), l'indispensable bibliothèque table pour trier, insérer, supprimer et concaténer des tables de type liste, et enfin la bibliothèque utf8 (Lua 5.3+) pour gérer correctement les caractères UTF-8 multi-octets. La familiarité avec ces bibliothèques est la clé pour écrire rapidement du code Lua efficace, en tirant parti des outils intégrés pour les tâches de programmation courantes.

Un processus d'arrière-plan dont nous n'avons pas encore discuté est la manière dont Lua gère la mémoire. Vous créez des chaînes, des tables et des fonctions, mais vous les supprimez rarement explicitement. Comment Lua empêche-t-il la mémoire de se remplir ? La réponse réside dans la gestion automatique de la mémoire par le biais du **Ramasse-miettes (Garbage Collection)**, que nous explorerons dans le prochain chapitre.

13
Gestion automatique de la mémoire

Tout au long de notre parcours jusqu'à présent, nous avons créé des variables, des chaînes, des tables (beaucoup de tables !) et des fonctions sans nous soucier explicitement du nettoyage par la suite. Lorsqu'une variable sort de sa portée (Chapitre 5) ou qu'une table n'est plus référencée (Chapitre 6), qu'advient-il de la mémoire qu'elle utilisait ? Dans des langages comme C ou C++, le programmeur est responsable de l'allocation manuelle de la mémoire lorsque nécessaire et, surtout, de sa désallocation (libération) lorsqu'elle n'est plus requise. Oublier de libérer la mémoire conduit à des **fuites de mémoire**, où le programme consomme de plus en plus de mémoire au fil du temps, finissant par planter ou ralentir le système. Libérer la mémoire trop tôt ou plus d'une fois entraîne des plantages ou des données corrompues (pointeurs pendants, doubles libérations). La gestion manuelle de la mémoire est puissante mais notoirement sujette aux erreurs.

Lua adopte une approche différente, vous libérant de ce fardeau grâce à la **gestion automatique de la mémoire**, communément appelée **Ramasse-miettes (Garbage Collection - GC)**. Le ramasse-miettes de Lua s'exécute périodiquement en arrière-plan, identifie les blocs de mémoire qui ne sont plus utilisés par votre programme, et récupère cette mémoire, la rendant disponible pour une utilisation future. Ce chapitre démystifie le GC de Lua, expliquant les concepts fondamentaux de son fonctionnement, comment vous pouvez l'influencer avec les tables faibles et les finaliseurs, et comment interagir avec le collecteur si nécessaire.

Oublier la mémoire (la plupart du temps)

La beauté du ramassage automatique des miettes est que, la plupart du temps, vous n'avez tout simplement pas à penser à l'allocation ou à la désallocation de mémoire. Vous créez des tables, des chaînes, des fonctions, etc., et Lua détermine quand ils ne sont plus nécessaires et les nettoie.

```
function creerDonnees()
  local tableTemp = { message = "Données temporaires" }
  local longueChaine = string.rep("abc", 1000) -- Crée une chaîne de 3000 octets
  -- Faire quelque chose avec tableTemp et longueChaine
  print("Dans la fonction :", tableTemp.message)
  -- Quand la fonction retourne, tableTemp et longueChaine deviennent
inaccessibles
  -- (en supposant qu'aucune fermeture ne les ait capturées ou qu'elles n'aient
pas été retournées/stockées ailleurs)
end

creerDonnees() -- La fonction s'exécute
-- Après le retour de creerDonnees(), la mémoire utilisée par la table et la
longue
-- chaîne à l'intérieur devient éligible au ramassage des miettes.
-- Le GC de Lua la récupérera éventuellement automatiquement.
```

Cela simplifie considérablement la programmation et élimine toute une catégorie de bugs difficiles liés à la gestion de la mémoire, courants dans d'autres langages.

Comment Lua trouve les déchets

Comment Lua *sait*-il quelle mémoire est "déchet" et laquelle est encore nécessaire ? Le principe fondamental est l'**accessibilité** (reachability). Un objet (comme une table, une chaîne, une fonction, un userdata ou un thread) est considéré comme "vivant" (pas un déchet) s'il peut être atteint en suivant une chaîne de références à partir d'un ensemble de "racines" connues.

Que sont les racines ? Les racines sont les endroits fondamentaux où Lua sait que des objets vivants doivent exister :

1. **La table globale (_G) :** Tout objet référencé directement ou indirectement par une variable globale est accessible.
2. **La pile d'exécution :** Les variables locales et les valeurs temporaires actuellement utilisées par les fonctions actives sont accessibles.
3. **Les upvalues :** Les variables locales des fonctions englobantes qui sont capturées par des fermetures actives (comme discuté au chapitre 5) maintiennent ces variables (et les objets auxquels elles font référence) accessibles tant que la fermeture elle-même est accessible.
4. **La bibliothèque** debug **et le Registre C (Avancé) :** D'autres structures internes peuvent également servir de racines.

L'analogie de l'accessibilité : Imaginez que tous vos objets Lua sont des îles flottant dans un océan. Certaines îles ont des ponts (références) les reliant à d'autres îles. Il y a quelques points d'ancrage continentaux (les racines). Toute île que vous pouvez atteindre en partant d'un point d'ancrage et en traversant des ponts est considérée comme "vivante". Toute île qui n'a pas de chemin de retour vers le continent est considérée comme "déchet" – elle flotte librement et peut être retirée en toute sécurité.

L'algorithme de ramassage des miettes de Lua

Lua emploie un ramasse-miettes sophistiqué de type **marquage et balayage incrémental** (incremental mark-and-sweep). Bien que les détails exacts aient évolué au fil des versions de Lua, l'idée fondamentale reste similaire :

1. **Phase de marquage (Mark Phase) :**

   - Le collecteur part des racines (globales, pile, etc.).
   - Il parcourt tous les objets accessibles, en suivant les références (comme les clés/valeurs de table pointant vers d'autres objets).
   - Chaque objet qu'il atteint est marqué comme "vivant" (conceptuellement, imaginez le peindre en blanc). Initialement, tous les objets pourraient être considérés comme "gris" ou "noirs" (pas encore traités ou confirmés morts).
   - **Incrémental :** Ce marquage ne se fait généralement pas d'un seul coup, ce qui pourrait causer une pause notable dans votre programme. Au lieu de cela, le GC effectue une petite quantité de travail de marquage, puis laisse votre code Lua s'exécuter un peu, puis effectue plus de marquage, et ainsi de suite. Cela répartit le travail du GC dans le temps, réduisant les pauses.

2. **Phase de balayage (Sweep Phase) :**

- Une fois que la phase de marquage pense avoir identifié tous les objets accessibles, la phase de balayage commence.
- Le collecteur examine *tous* les objets gérés par Lua.
- Tout objet qui n'a *pas* été marqué comme vivant pendant la phase de marquage est considéré comme déchet.
- La mémoire occupée par ces objets non marqués est récupérée et ajoutée à nouveau au pool de mémoire disponible.
- **Incrémental** : Cette phase peut également s'exécuter de manière incrémentale, balayant une partie de la mémoire à la fois.

3. **Phase atomique** : Bien que la plupart du travail soit incrémental, il y a typiquement des phases très courtes où l'exécution de Lua *doit* s'arrêter brièvement pour que le GC effectue des tâches de synchronisation en toute sécurité (par ex., démarrer le marquage ou terminer le balayage). Le GC de Lua est conçu pour maintenir ces pauses aussi courtes que possible (souvent quelques millisecondes ou moins).

Les versions modernes de Lua (comme la 5.4) intègrent également des techniques comme le ramassage générationnel, qui optimise le processus en observant que les objets nouvellement créés deviennent souvent des déchets beaucoup plus rapidement que les objets plus anciens. Le collecteur peut se concentrer plus fréquemment sur l'analyse des objets plus jeunes.

À retenir : Vous n'avez pas besoin de mémoriser les étapes exactes de l'algorithme. Le concept important est que Lua récupère automatiquement la mémoire des objets qui ne sont plus accessibles depuis les parties centrales de votre programme en cours d'exécution.

Références faibles

Normalement, si la table A contient une référence à la table B (par ex., A.champ = B), cette référence empêche B d'être collecté par le ramasse-miettes tant que A elle-même est accessible. C'est ce qu'on appelle une **référence forte**.

Mais que faire si vous voulez associer des données à un objet sans empêcher cet objet d'être collecté si rien d'*autre* n'y fait référence ? Ou si vous voulez construire un cache où les éléments mis en cache disparaissent automatiquement s'ils ne sont plus utilisés ailleurs dans le programme ? C'est là qu'interviennent les **tables faibles**.

Une table faible contient des **références faibles** à ses clés, ses valeurs, ou les deux. Une référence faible n'empêche *pas* l'objet référencé d'être collecté par le ramasse-miettes.

Vous contrôlez la "faiblesse" d'une table via le champ `__mode` dans sa **métatable** (Chapitre 7). La valeur de `__mode` doit être une chaîne contenant :

- `"k"` : Rend les **clés** (keys) de la table faibles.
- `"v"` : Rend les **valeurs** (values) de la table faibles.
- `"kv"` : Rend à la fois les **clés et les valeurs** faibles.

Valeurs faibles (`__mode = "v"`)

Si une table a des valeurs faibles, une valeur qui y est stockée sera collectée si la *seule* référence à cette valeur provient de cette table faible. Lorsque la valeur est collectée, la paire clé-valeur est supprimée de la table faible.

Cas d'utilisation : Cache Imaginez mettre en cache des résultats coûteux en calcul. Vous voulez que le cache conserve le résultat tant que quelque chose d'autre l'utilise activement, mais vous voulez que le résultat disparaisse automatiquement du cache s'il devient inutilisé ailleurs.

```
-- cache contiendra des références faibles aux tables de résultats
local cache = {}
setmetatable(cache, { __mode = "v" }) -- Rend les VALEURS faibles

function obtenirDonneesCouteuses(id)
  -- Vérifie si les données sont déjà en cache
  if cache[id] then
    print("Retour des données en cache pour ID :", id)
    return cache[id]
  end

  print("Calcul des données coûteuses pour ID :", id)
  local donnees = { resultat = string.rep(tostring(id), 5) } -- Simule le calcul
  cache[id] = donnees -- Stocke dans le cache (référencé faiblement)
  return donnees
end

-- --- Utilisation ---
local donnees1 = obtenirDonneesCouteuses(1) -- Calcule
print("Données 1 :", donnees1.resultat)

collectgarbage("collect") -- Force un cycle GC (pour la démonstration)
print("L'entrée du cache pour 1 existe toujours car 'donnees1' détient une réf.
forte.")
print("Cache[1] =", cache[1])

local donnees2 = obtenirDonneesCouteuses(2) -- Calcule
```

```
print("Données 2 :", donnees2.resultat)

donnees1 = nil -- Supprime la *seule* référence forte aux données pour ID 1

print("\nSuppression de la référence forte à donnees1.")
collectgarbage("collect") -- Force un autre cycle GC

print("L'entrée du cache pour 1 devrait maintenant avoir disparu :")
print("Cache[1] =", cache[1]) -- Sortie : Cache[1] = nil (La valeur a été
collectée)
print("L'entrée du cache pour 2 existe toujours car 'donnees2' détient une réf.
forte.")
print("Cache[2] =", cache[2]) -- Sortie : Cache[2] = table: 0x......
```

Clés faibles (`__mode = "k"`)

Si une table a des clés faibles, une paire clé-valeur sera supprimée si la *seule* référence à l'**objet clé** provient de cette table faible. C'est moins courant que les valeurs faibles mais utile pour associer des données à des objets que vous ne "possédez" pas.

Cas d'utilisation : Métadonnées d'objet Supposons que vous ayez des objets (peut-être des userdata de C, ou des tables représentant quelque chose d'externe) et que vous vouliez leur attacher des informations supplémentaires côté Lua sans empêcher les objets originaux d'être collectés s'ils sortent de la portée.

```
local metadonnees = {}
setmetatable(metadonnees, { __mode = "k" }) -- Rend les CLES faibles

function creerObjet(nom)
  local obj = { nom = nom } -- Simule un objet
  metadonnees[obj] = { dernier_acces = os.time() } -- Associe des métadonnées
  return obj
end

local objA = creerObjet("Objet A")
local objB = creerObjet("Objet B")

print("Métadonnées pour objA :", metadonnees[objA].dernier_acces)
print("Métadonnées pour objB :", metadonnees[objB].dernier_acces)

objA = nil -- Supprime la seule référence forte à l'objet clé 'objA'

print("\nSuppression de la référence forte à objA.")
collectgarbage("collect") -- Force le GC
```

```lua
print("Les métadonnées pour objA devraient avoir disparu :")
-- Accéder à metadonnees[objA] pourrait maintenant donner nil ou une erreur si
objA a été réellement collecté
-- Nous pouvons vérifier en itérant (pairs peut ou peut ne pas le montrer
immédiatement après le GC)
local trouveA = false
for k, v in pairs(metadonnees) do
    -- Comparer directement k == objA peut échouer si objA est parti
    -- Une meilleure vérification pourrait être de comparer le nom si dispo dans
la valeur des métadonnées
    if type(k) == "table" and k.nom == "Objet A" then -- Vérification
alternative
        trouveA = true
        print(" Clé restante trouvée avec nom :", k.nom)
    elseif type(k) == "table" then
        print(" Autre clé restante :", k.nom) -- Accéder à k suppose que la clé
est toujours valide
    end
end
if not trouveA then
    print(" Les métadonnées pour Objet A semblent collectées (la clé a
disparu).")
end
print("Métadonnées pour objB :", metadonnees[objB].dernier_acces) -- Existe
toujours
```

(Note : Démontrer parfaitement la collecte de clés faibles est délicat sans userdata, car comparer des clés de table collectées peut être ambigu. Le principe demeure : si l'objet clé a disparu, l'entrée est supprimée).

Exécuter du code avant le nettoyage

Et si un objet géré par Lua (comme un userdata représentant un handle de fichier C, ou une table gérant des ressources réseau) doit effectuer une action de nettoyage juste avant d'être collecté par le ramasse-miettes ? Lua fournit la métaméthode `__gc` à cet effet.

Si une table ou un userdata a une métatable avec un champ `__gc`, et qu'un objet de ce type est sur le point d'être collecté (parce qu'il est devenu inaccessible), Lua va :

1. Marquer l'objet comme "finalisé".
2. Placer l'objet dans une liste spéciale d'objets en attente de finalisation.

3. Plus tard (généralement lors d'un cycle GC ultérieur), Lua récupérera la métaméthode `__gc` associée à l'objet et l'appellera, passant l'objet lui-même comme unique argument.

4. Ce n'est qu'après l'appel de la méthode `__gc` (et potentiellement encore dans un cycle ultérieur) que la mémoire de l'objet sera réellement récupérée.

```lua
local MetaEnveloppeFichier = {}
MetaEnveloppeFichier.__index = MetaEnveloppeFichier -- Permet les appels de
méthode

function MetaEnveloppeFichier:__gc()
  print("GC déclenché pour EnveloppeFichier :", self.nom_fichier)
  if self.handle and not self.ferme then
    print(" Fermeture du handle de fichier pour :", self.nom_fichier)
    -- Dans un scénario réel avec userdata, cela appellerait la fonction de
fermeture C
    self.ferme = true
    -- self.handle:close() -- Si handle était un vrai objet fichier Lua
  end
end

function creerEnveloppe(nomfichier)
  print("Création de l'enveloppe pour :", nomfichier)
  local enveloppe = {
    nom_fichier = nomfichier,
    handle = io.open(nomfichier, "w"), -- Simule l'obtention d'un handle de
ressource
    ferme = false
  }
  if not enveloppe.handle then return nil end -- Gère l'erreur d'ouverture
  return setmetatable(enveloppe, MetaEnveloppeFichier)
end

-- Crée une enveloppe, écrit dedans, puis perd la référence
local ef = creerEnveloppe("temp_gc_fichier.txt")
if ef then
  ef.handle:write("Données à finaliser.\n")
  -- Ne PAS fermer ef.handle ici intentionnellement
end

ef = nil -- Perd la seule référence forte à la table enveloppe

print("\nPerte de référence à EnveloppeFichier. Forçage du GC...")
collectgarbage("collect") -- Le GC identifie ef comme déchet, marque pour
finalisation
print("Cycle GC 1 terminé. Le finaliseur pourrait ne pas s'être encore
exécuté.")
```

```
collectgarbage("collect") -- Le prochain cycle GC exécute probablement les
finaliseurs en attente
print("Cycle GC 2 terminé.")

-- Nettoie le fichier temporaire créé par l'exemple
os.remove("temp_gc_fichier.txt")
```

Sortie (L'ordre des messages GC peut varier légèrement) :

```
Création de l'enveloppe pour : temp_gc_fichier.txt

Perte de référence à EnveloppeFichier. Forçage du GC...
Cycle GC 1 terminé. Le finaliseur pourrait ne pas s'être encore exécuté.
GC déclenché pour EnveloppeFichier : temp_gc_fichier.txt
   Fermeture du handle de fichier pour : temp_gc_fichier.txt
Cycle GC 2 terminé.
```

Considérations importantes pour __gc :

- **Usage principal** : Essentiel pour libérer des ressources externes (mémoire C, handles de fichiers, sockets, connexions de base de données, verrous) gérées par userdata. Moins souvent nécessaire pour les tables purement Lua, sauf si elles gèrent indirectement un état externe.
- **Pas d'ordre garanti** : Si plusieurs objets avec finaliseurs deviennent inaccessibles dans le même cycle, l'ordre dans lequel leurs méthodes __gc sont appelées n'est pas spécifié.
- **Résurrection** : Évitez de créer de nouvelles références fortes à l'objet *à l'intérieur* de sa méthode __gc. Faire cela peut "ressusciter" l'objet, empêchant sa mémoire d'être récupérée dans ce cycle (bien qu'il puisse être collecté plus tard si la nouvelle référence est également abandonnée).
- **Erreurs** : Les erreurs survenant à l'intérieur d'une méthode __gc sont généralement attrapées et rapportées par Lua (souvent sur stderr), mais elles n'arrêtent généralement pas la finalisation d'autres objets ou le processus GC lui-même.

Interagir avec le ramasse-miettes

Bien que le GC de Lua soit automatique, la fonction collectgarbage() offre un moyen d'interagir directement avec lui ou d'ajuster son comportement. Vous n'avez généralement **pas besoin** de l'appeler dans les applications typiques. Le GC adaptatif de Lua fait généralement du bon travail tout seul.

Chaînes opt courantes pour `collectgarbage(opt, [arg])` :

- `"collect"` : Effectue un cycle de ramassage des miettes *complet* (marquage et balayage). À utiliser avec parcimonie, peut-être seulement pendant les temps morts ou pour le débogage, car cela peut causer une pause notable.
- `"stop"` : Arrête l'exécution automatique du ramasse-miettes. **À utiliser avec une extrême prudence !** Si vous arrêtez le GC et que votre programme continue d'allouer de la mémoire, il finira par manquer de mémoire et planter.
- `"restart"` : Redémarre le ramasse-miettes automatique s'il avait été arrêté précédemment.
- `"count"` : Retourne la mémoire totale actuellement utilisée par Lua (en kilo-octets, sous forme de nombre à virgule flottante). Utile pour surveiller l'utilisation de la mémoire.
- `"step"` : Effectue une seule étape de GC incrémental. Le nombre `arg` optionnel contrôle la quantité de travail effectuée (dans une unité interne). Retourne `true` si l'étape a terminé un cycle GC complet. Peut être utilisé pour effectuer explicitement le travail du GC pendant les périodes d'inactivité de l'application au lieu de compter uniquement sur le déclenchement automatique.
- `"isrunning"` : (Lua 5.1+) Retourne `true` si le collecteur automatique est en cours d'exécution (n'a pas été arrêté).
- `"setpause"` : Définit la valeur de "pause" du collecteur (en pourcentage, `arg`). Une valeur de 200 (la valeur par défaut) signifie que le collecteur attend que la mémoire totale double avant de commencer un nouveau cycle après en avoir terminé un. Des valeurs plus basses rendent le GC plus agressif (s'exécute plus souvent) ; des valeurs plus élevées le font s'exécuter moins souvent.
- `"setstepmul"` : Définit le "multiplicateur d'étape" du collecteur (en pourcentage, `arg`). Cela contrôle la quantité de travail que le GC effectue à chaque étape incrémentale par rapport au taux d'allocation mémoire. Des valeurs plus élevées rendent le GC plus agressif pendant un cycle.
- `"incremental"` / `"generational"` : (Lua 5.4+) Bascule entre les modes GC. Le mode générationnel est généralement préféré et souvent le défaut.

Quand pourriez-vous utiliser `collectgarbage` ?

- **Débogage** : Forcer `"collect"` après avoir libéré des références pour vérifier si la mémoire se comporte comme prévu, ou utiliser `"count"` pour surveiller l'utilisation de la mémoire.
- **Systèmes temps réel** : Dans les systèmes avec des exigences de synchronisation strictes, vous pourriez `"stop"` le GC pendant les sections critiques et

effecuer des "step" explicites ou un "collect" complet pendant les périodes d'inactivité sûres (cela nécessite une gestion prudente).

- **Optimisation des performances** : Seulement après que le profilage révèle que le comportement par défaut du GC cause des problèmes de performance significatifs, vous *pourriez* expérimenter *prudemment* avec "setpause" et "setstepmul".

Pour la plupart des applications, laissez les paramètres du GC tranquilles et laissez Lua gérer les choses automatiquement.

Considérations sur les performances & bonnes pratiques

- **Minimiser les déchets** : Bien que le GC soit automatique, il n'est pas gratuit. Créer et jeter un grand nombre d'objets (surtout des tables) très rapidement dans des boucles serrées *peut* mettre la pression sur le GC et consommer du temps CPU. Si les performances sont critiques dans une telle boucle, envisagez de réutiliser des tables ou des objets au lieu d'en créer de nouveaux à chaque itération.
- **Tables faibles pour les caches** : Utilisez les tables faibles (__mode = "v") de manière appropriée pour les caches afin de permettre aux éléments mis en cache d'être collectés automatiquement lorsqu'ils ne sont plus fortement référencés ailleurs.
- **__gc pour les ressources externes** : Utilisez les finaliseurs principalement pour libérer des ressources non-Lua liées aux userdata.
- **Profilez d'abord** : Ne devinez pas les goulots d'étranglement des performances. Utilisez des outils de profilage (même de simples chronométrages os.clock()) pour identifier où votre programme passe son temps *avant* d'envisager l'optimisation du GC ou des optimisations complexes de pooling d'objets. Souvent, le goulot d'étranglement réside dans votre algorithme ou d'autres parties du code, pas dans le GC lui-même.

Résumé du chapitre

Ce chapitre a levé le voile sur la gestion automatique de la mémoire de Lua. Vous avez appris que Lua utilise un ramasse-miettes (typiquement une variante incrémentale de marquage et balayage) pour récupérer la mémoire des objets qui ne sont plus accessibles depuis les racines du programme (globales, pile, etc.). Nous avons exploré comment les tables faibles (en utilisant le champ de métatable `__mode` avec `"k"`, `"v"`, ou `"kv"`) permettent des références qui n'empêchent *pas* le ramassage des miettes, utiles pour les caches et les métadonnées d'objets. Vous avez découvert la métaméthode `__gc` (finaliseur), qui permet à du code (généralement pour le nettoyage de ressources externes) de s'exécuter juste avant que la mémoire d'un objet ne soit récupérée. Enfin, nous avons examiné la fonction `collectgarbage()` pour interagir avec et ajuster le GC, en soulignant que le contrôle manuel est rarement nécessaire. Le GC de Lua vous libère de la gestion manuelle de la mémoire, vous permettant de vous concentrer sur la logique de votre application, mais comprendre ses principes aide à écrire du code plus efficace et robuste.

Jusqu'à présent, nous nous sommes entièrement concentrés sur la programmation *en* Lua. L'un des objectifs de conception originaux de Lua et l'une de ses plus grandes forces, cependant, est sa capacité à interagir de manière transparente avec du code écrit dans d'autres langages, en particulier C. Dans le prochain chapitre, nous explorerons l'API C de Lua, le pont qui vous permet d'étendre Lua avec des fonctions C et d'intégrer l'interpréteur Lua dans vos applications C/C++.

14

Étendre Lua

Lua, comme nous l'avons vu, est un langage puissant mais simple. Ses forces résident dans sa flexibilité, sa vitesse (pour un langage de script) et sa petite taille. Cependant, vous avez parfois besoin de plus de performances brutes pour des tâches gourmandes en calcul, d'un accès à des fonctionnalités spécifiques du système d'exploitation, ou de la capacité à utiliser de vastes bibliothèques existantes écrites dans des langages de plus bas niveau comme C. De plus, l'un des objectifs de conception les plus signific-atifs de Lua était d'être **intégrable** – de servir de moteur de script *à l'intérieur* d'une application plus grande écrite en C ou C++. Ce chapitre présente l'**API C de Lua**, l'Interface de Programmation d'Application qui sert de pont entre le monde Lua et le monde C, permettant ces interactions puissantes.

Pourquoi faire le pont entre Lua et C ?

Il y a plusieurs raisons convaincantes d'intégrer Lua et C :

1. **Performances** : Bien que Lua soit rapide, les algorithmes exigeants en calcul (comme les simulations physiques complexes, le traitement lourd de données ou les opérations cryptographiques) s'exécutent souvent beaucoup plus rap-idement lorsqu'ils sont implémentés en code C compilé. Vous pouvez écrire la majeure partie de votre application en Lua pour la flexibilité et utiliser C pour les goulots d'étranglement critiques en matière de performances.

2. **Accès aux bibliothèques C existantes** : Le monde regorge de bibliothèques C matures et hautement optimisées pour les graphiques, le réseau, les bases de données, le calcul scientifique, l'interaction matérielle, et plus encore. L'API C permet à votre code Lua de tirer parti de ces bibliothèques sans les réécrire en Lua.

3. **Accès système/matériel** : C fournit un accès direct aux fonctionnalités de bas niveau du système d'exploitation et aux interactions matérielles qui pourraient ne pas être exposées via la bibliothèque os standard de Lua.

4. **Intégration de Lua** : De nombreuses applications bénéficient d'un langage de script intégré pour permettre aux utilisateurs ou aux développeurs de personnaliser le comportement, d'automatiser des tâches ou de définir des configurations. La petite taille et l'API propre de Lua en font un excellent choix pour l'intégration dans une application C ou C++ plus grande. L'application C peut exposer des fonctionnalités spécifiques à l'environnement Lua et exécuter des scripts Lua fournis par l'utilisateur.

L'API C de Lua

L'API C de Lua est un ensemble de fonctions C fournies par la bibliothèque Lua (`liblua.a` ou `lua.dll`/`liblua.so`) qui permettent au code C d'interagir avec un **état** Lua en cours d'exécution.

- **L'état Lua** (`lua_State*`) : Toute interaction avec Lua depuis C se fait via un pointeur vers un `lua_State`. Cette structure opaque représente un environnement Lua indépendant (contenant ses propres globales, pile, modules chargés, etc.). Vous pouvez avoir plusieurs états Lua s'exécutant simultanément au sein d'une seule application C. Vous créez un état en utilisant `luaL_newstate()` (généralement depuis `lauxlib.h`) et le fermez en utilisant `lua_close()`.

- **Fichiers d'en-tête** : Pour utiliser l'API, votre code C doit inclure les fichiers d'en-tête Lua :
  - `lua.h` : Définit les fonctions API de base (`lua_push*`, `lua_to*`, `lua_pcall`, etc.).
  - `lauxlib.h` : Définit des fonctions auxiliaires de plus haut niveau construites sur l'API de base, facilitant les tâches courantes (par ex., `luaL_newstate`, `luaL_loadfile`, `luaL_checkstring`). Ces fonctions commencent typiquement par `luaL_`.
  - `lualib.h` : Fournit des fonctions pour ouvrir les bibliothèques Lua standard (`luaL_openlibs`).

Crucialement, l'API C ne permet **pas** un accès direct aux internes des objets Lua (comme les champs d'une structure C représentant une table Lua). Toutes les interactions se font indirectement via un mécanisme contrôlé : la pile virtuelle.

Le concept fondamental : la pile

Au lieu de manipuler directement les structures de données Lua, le code C communique avec un `lua_State` spécifique en utilisant une **pile virtuelle** gérée par Lua. Pensez-y comme à un espace de travail partagé ou une pile d'assiettes où C et Lua peuvent laisser des valeurs l'un pour l'autre.

- **C Pousse (Push)** : Quand C veut passer une valeur (nombre, chaîne, table) *à* Lua, il **pousse** cette valeur sur le sommet de la pile associée au `lua_State`.
- **C Récupère (Get)** : Quand C veut obtenir une valeur *de* Lua (par ex., un résultat retourné par une fonction Lua, ou une variable globale), il utilise des fonctions API qui lisent les valeurs à des positions spécifiques sur la pile.
- **Interaction Lua** : Quand C appelle une fonction Lua, Lua prend ses arguments depuis la pile. Quand une fonction Lua retourne des valeurs, elle les pousse sur la pile. Quand une fonction C appelée *par* Lua retourne, elle pousse ses résultats sur la pile.

Indexation de la pile : Vous vous référez aux positions sur la pile en utilisant des indices entiers :

- **Indices positifs** : 1 fait référence à l'élément du bas (le premier élément poussé), 2 au second, et ainsi de suite.
- **Indices négatifs** : -1 fait référence à l'élément du sommet (le plus récemment poussé), -2 à l'élément juste en dessous du sommet, et ainsi de suite.

Utiliser des indices négatifs est souvent plus pratique car vous n'avez pas besoin de savoir exactement combien d'éléments sont actuellement sur la pile ; -1 fait toujours référence au sommet.

L'API C fournit des fonctions pour pousser des données sur la pile, interroger des données à des indices spécifiques, convertir des données à des indices en types C, appeler des fonctions, et manipuler la pile elle-même (par ex., supprimer des éléments, insérer des éléments).

Pousser des valeurs sur la pile (C -> Lua)

Ces fonctions prennent un `lua_State*` (généralement nommé `L` par convention) et la valeur C à pousser. Elles placent la valeur Lua correspondante au sommet de la pile (indice `-1`).

- `void lua_pushnil(lua_State *L);` - Pousse la valeur Lua `nil`.
- `void lua_pushboolean(lua_State *L, int b);` - Pousse `true` si `b` est non nul, `false` sinon.
- `void lua_pushnumber(lua_State *L, lua_Number n);` - Pousse un nombre à virgule flottante. (`lua_Number` est typiquement `double`).
- `void lua_pushinteger(lua_State *L, lua_Integer n);` - Pousse un entier. (`lua_Integer` est typiquement `ptrdiff_t` ou `long long`).
- `const char *lua_pushstring(lua_State *L, const char *s);` - Pousse une chaîne C terminée par null. Lua fait sa propre copie interne. Retourne un pointeur vers la copie interne de Lua.
- `const char *lua_pushlstring(lua_State *L, const char *s, size_t len);` - Pousse une chaîne C avec une longueur explicite (peut contenir des nulls intégrés). Lua fait sa propre copie interne. Retourne un pointeur vers la copie interne de Lua.
- `void lua_pushcfunction(lua_State *L, lua_CFunction f);` - Pousse une fonction C (voir plus loin). `lua_CFunction` est un type pointeur de fonction : `typedef int (*lua_CFunction) (lua_State *L);`.
- `void lua_pushcclosure(lua_State *L, lua_CFunction f, int nup);` - Pousse une fermeture C (une fonction C associée à `nup` upvalues, qui sont dépilées de la pile).
- `void lua_createtable(lua_State *L, int narr, int nrec);` - Crée une nouvelle table vide et la pousse sur la pile. `narr` et `nrec` sont des indications sur les tailles de tableau et d'enregistrement pour la pré-allocation.
- `void lua_pushvalue(lua_State *L, int index);` - Pousse une *copie* de l'élément à l'`index` donné sur le sommet de la pile.

```
/* Extrait C Conceptuel */
#include "lua.h"
#include "lauxlib.h"

// Supposons que 'L' est un lua_State* valide

lua_pushstring(L, "Bonjour depuis C !"); // Pile : ["Bonjour depuis C !"]
lua_pushinteger(L, 123);                 // Pile : ["Bonjour depuis C !", 123]
```

```
lua_pushboolean(L, 1);                  // Pile : ["Bonjour depuis C !", 123,
true]
lua_pushvalue(L, 1);                     // Pile : ["Bonjour depuis C !", 123,
true, "Bonjour depuis C !"]
                                         //          (index 1 copié au sommet)
```

Obtenir des valeurs de la pile (Lua -> C)

Ces fonctions récupèrent les valeurs d'un index donné de la pile. **Il est crucial de vérifier le type de la valeur sur la pile avant d'essayer de la convertir !**

- **Vérification de type :**

  - int lua_isnumber(lua_State *L, int index); (Vrai pour entiers et flottants)
  - int lua_isstring(lua_State *L, int index); (Vrai pour chaînes et nombres - les nombres sont convertibles)
  - int lua_isboolean(lua_State *L, int index);
  - int lua_istable(lua_State *L, int index);
  - int lua_isfunction(lua_State *L, int index); (Vrai pour fonctions Lua et C)
  - int lua_isnil(lua_State *L, int index);
  - int lua_type(lua_State *L, int index); Retourne une constante de code de type (par ex., LUA_TSTRING, LUA_TNUMBER). lua_typename(L, code_type) donne le nom sous forme de chaîne.

- **Récupération de valeurs :** Ces fonctions tentent de convertir la valeur à l'index vers le type C désiré. Si la valeur n'est pas convertible, elles peuvent retourner 0, NULL, ou une valeur indéfinie (selon la fonction). **Vérifiez toujours le type d'abord en utilisant lua_is* ou utilisez les fonctions auxiliaires luaL_check*.**

  - int lua_toboolean(lua_State *L, int index); (Retourne 0 pour false et nil, 1 sinon - véracité de Lua).
  - lua_Number lua_tonumber(lua_State *L, int index); (Utilisez lua_isnumber d'abord).
  - lua_Integer lua_tointeger(lua_State *L, int index); (Utilisez lua_isinteger ou lua_isnumber d'abord).
  - const char *lua_tolstring(lua_State *L, int index, size_t *len); Retourne un pointeur vers une représentation interne de chaîne (utilisez len si nécessaire pour la longueur). **Important :** Le

pointeur retourné n'est valide que tant que la valeur chaîne reste sur la pile. Ne stockez **pas** ce pointeur à long terme ; copiez les données de la chaîne si nécessaire. Si `len` est `NULL`, il n'est pas rempli. `lua_tostring` est une macro équivalente à appeler `lua_tolstring` avec `len` = `NULL`.

- `lua_CFunction lua_tocfunction(lua_State *L, int index);`
- **Fonctions auxiliaires** `luaL_check*` **(Recommandées)** : Ces fonctions de `lauxlib.h` combinent la vérification de type et la récupération. Si la vérification de type échoue, elles lèvent automatiquement une erreur Lua standard, ce qui est souvent le comportement souhaité lors de l'écriture de fonctions C appelées *par* Lua.

    - `lua_Number luaL_checknumber(lua_State *L, int index);`
    - `lua_Integer luaL_checkinteger(lua_State *L, int index);`
    - `const char *luaL_checklstring(lua_State *L, int index, size_t *len);`
    - `void luaL_checktype(lua_State *L, int index, int code_type);` (Vérifie un type `LUA_T*` spécifique).

- **Manipulation de table** :

    - `int lua_gettable(lua_State *L, int index);` Dépile une clé, la recherche dans la table à `index`, et pousse le résultat. Retourne le type de la valeur poussée.
    - `int lua_getfield(lua_State *L, int index, const char *key);` Pousse `table[key]` sur la pile, où `table` est à `index`. Retourne le type de la valeur poussée. (Commodité).
    - `void lua_settable(lua_State *L, int index);` Dépile une valeur, puis une clé, et effectue `table[key]` = `value`, où `table` est à `index`.
    - `void lua_setfield(lua_State *L, int index, const char *key);` Dépile une valeur et effectue `table[key]` = `value`, où `table` est à `index`. (Commodité).

```c
/* Extrait C Conceptuel */
#include "lua.h"
#include "lauxlib.h"

// Supposons que L est valide et que la pile contient : ["Bonjour", 123, true,
{k="v"}]

// Utilisation de l'API de base (vérification attentive nécessaire)
if (lua_isstring(L, 1)) {
    size_t len;
```

```
    const char *str = lua_tolstring(L, 1, &len);
    printf("Index 1 (string): %s (len %zu)\n", str, len);
}
if (lua_isinteger(L, 2)) {
    lua_Integer i = lua_tointeger(L, 2);
    printf("Index 2 (integer): %lld\n", (long long)i);
}

// Utilisation de l'API auxiliaire (plus sûr lorsque appelé depuis Lua)
// const char* str_checked = luaL_checkstring(L, 1);
// lua_Integer int_checked = luaL_checkinteger(L, 2);

// Obtenir un champ de table
lua_getfield(L, 4, "k"); // Pousse la valeur de la table à l'index 4, clé "k"
                         // Pile : ["Bonjour", 123, true, {k="v"}, "v"]
if (lua_isstring(L, -1)) { // Vérifie la valeur nouvellement poussée au sommet
    printf("Champ table 'k': %s\n", lua_tostring(L, -1));
}
lua_pop(L, 1); // Retire la valeur récupérée de la pile
               // Pile : ["Bonjour", 123, true, {k="v"}]
```

Appeler des fonctions Lua depuis C

Pour exécuter une fonction Lua depuis votre code C :

1. **Pousser la fonction** : Obtenez la fonction Lua sur la pile (par ex., en utilisant `lua_getglobal(L, "maFonctionLua")` pour obtenir une fonction globale).
2. **Pousser les arguments** : Poussez tous les arguments attendus par la fonction Lua sur la pile, dans l'ordre.
3. **Appeler** `lua_pcall` : Utilisez `int lua_pcall(lua_State *L, int nargs, int nresults, int msgh);`
   - `nargs` : Le nombre d'arguments que vous avez poussés sur la pile.
   - `nresults` : Le nombre de valeurs de retour que vous attendez que Lua pousse sur la pile. Utilisez `LUA_MULTRET` si la fonction peut retourner un nombre variable de résultats.
   - `msgh` : Index de pile d'une *fonction gestionnaire d'erreurs* (ou 0 pour aucun gestionnaire). Si une erreur se produit pendant l'exécution de la fonction Lua, Lua appelle ce gestionnaire *avant* de dérouler la pile. Le gestionnaire peut traiter l'erreur (par ex., ajouter une trace). `lua_pcall` retourne alors un code d'erreur. Si `msgh` est 0, l'objet d'erreur est laissé sur la pile en cas d'échec.

- **Code de retour** : lua_pcall retourne LUA_OK (0) en cas de succès, ou un code d'erreur (par ex., LUA_ERRRUN, LUA_ERRMEM) en cas d'échec.

4. **Récupérer les résultats** : Si lua_pcall a retourné LUA_OK, le nombre attendu de résultats (nresults) sera au sommet de la pile. Récupérez-les en utilisant les fonctions lua_to*.

5. **Nettoyer** : La fonction et les arguments sont automatiquement retirés de la pile par lua_pcall. Vous devez dépiler les résultats (ou le message d'erreur) après en avoir terminé.

```c
/* Extrait C Conceptuel */
int appelerFonctionLua(lua_State *L, const char* nomFunc, int arg1, int arg2) {
    int resultat = 0;
    int erreur = 0;

    // 1. Pousse la fonction
    lua_getglobal(L, nomFunc);
    if (!lua_isfunction(L, -1)) {
        fprintf(stderr, "Erreur : '%s' n'est pas une fonction\n", nomFunc);
        lua_pop(L, 1); // retire la valeur non-fonction
        return -1; // Indique une erreur
    }

    // 2. Pousse les arguments
    lua_pushinteger(L, arg1);
    lua_pushinteger(L, arg2);

    // 3. Appelle lua_pcall (2 arguments, attend 1 résultat, pas de gestionnaire
d'erreur)
    erreur = lua_pcall(L, 2, 1, 0);

    if (erreur == LUA_OK) {
        // 4. Récupère le résultat (vérifie le type d'abord !)
        if (lua_isinteger(L, -1)) {
            resultat = (int)lua_tointeger(L, -1);
        } else {
            fprintf(stderr, "Erreur : La fonction Lua n'a pas retourné un
entier\n");
            resultat = -1; // Indique une erreur
        }
        lua_pop(L, 1); // Dépile le résultat
    } else {
        // Une erreur s'est produite pendant pcall
        const char *msgErreur = lua_tostring(L, -1); // Obtient le message
d'erreur
        fprintf(stderr, "Erreur lors de l'exécution de la fonction Lua '%s': %s\
n", nomFunc, msgErreur);
```

```
        lua_pop(L, 1); // Dépile le message d'erreur
        resultat = -1; // Indique une erreur
    }

    return resultat;
}
```

Appeler des fonctions C depuis Lua

C'est ainsi que vous étendez les capacités de Lua.

1. **Écrire la fonction C** : Elle doit avoir la signature `int ma_fonction_c(lua_State *L);`

   - Les arguments passés depuis Lua seront sur la pile (index 1, 2, ...).
   - Utilisez `lua_to*` ou `luaL_check*` pour récupérer les arguments.
   - Effectuez la logique C souhaitée.
   - Poussez toutes les valeurs de retour sur la pile en utilisant `lua_push*`.
   - **Retournez un entier indiquant le *nombre* de valeurs que vous avez poussées sur la pile comme résultats.**

```
/* Fonction C appelable depuis Lua */
static int c_ajouter(lua_State *L) {
    // 1. Obtient les arguments (utilise les fonctions check pour la
sécurité)
    lua_Integer a = luaL_checkinteger(L, 1); // Arg à l'index 1
    lua_Integer b = luaL_checkinteger(L, 2); // Arg à l'index 2

    // 2. Effectue la logique C
    lua_Integer somme = a + b;

    // 3. Pousse le résultat
    lua_pushinteger(L, somme);

    // 4. Retourne le nombre de résultats poussés (1 dans ce cas)
    return 1;
}
```

2. **Enregistrer la fonction C** : Rendez la fonction C connue de Lua. Vous pouvez :

   - La pousser sur la pile et l'affecter à une variable globale :

```
lua_pushcfunction(L, c_ajouter);
lua_setglobal(L, "fonction_c_ajouter"); // Lua peut maintenant
appeler fonction_c_ajouter(10, 20)
```

- L'ajouter à une table (la manière préférée pour créer des biblio-
  thèques/modules) : Voir section suivante.

Écrire des bibliothèques C (Modules) pour Lua

La manière standard d'empaqueter plusieurs fonctions C liées pour une utilisation en
Lua est de créer une bibliothèque partagée (comme .so sous Linux, .dll sous Windows) que Lua peut charger en utilisant require.

1. **Définir les fonctions** : Écrivez vos fonctions C en utilisant la signature int
   func(lua_State *L).
2. **Créer un tableau d'enregistrement** : Définissez un tableau statique de structures luaL_Reg. Chaque structure mappe un nom (chaîne, comment elle sera
   appelée depuis Lua) au pointeur de fonction C. Le tableau doit se terminer par
   une entrée {NULL, NULL}.

```
static const struct luaL_Reg mabibliothequec_funcs[] = {
    {"ajouter", c_ajouter}, // Le nom Lua "ajouter" mappe à la fonction
C c_ajouter
    // {"soustraire", c_soustraire}, // Ajoutez plus de fonctions ici...
    {NULL, NULL} /* Sentinelle */
};
```

3. **Écrire la fonction** luaopen_ : Créez une fonction spéciale nommée
   luaopen_nommabibliotheque (où nommabibliotheque correspond au nom que
   Lua utilisera dans require). Cette fonction est appelée automatiquement par
   require lors du chargement de la bibliothèque C. Son travail consiste à créer
   la table module et à enregistrer les fonctions.

```
#include "lua.h"
#include "lauxlib.h"

// Inclure les définitions pour c_ajouter etc.

/* Tableau d'enregistrement de l'étape 2 */
static const struct luaL_Reg mabibliothequec_funcs[] = { /* ... */ };
```

```
/* Fonction d'ouverture de la bibliothèque */
LUALIB_API int luaopen_mabibliothequec(lua_State *L) {
    luaL_newlib(L, mabibliothequec_funcs); // Crée la table, enregistre
les fonctions
    return 1; // Retourne la table module poussée par luaL_newlib
}
```

luaL_newlib (de lauxlib.h) crée commodément une nouvelle table, itère à travers le tableau luaL_Reg, et enregistre chaque fonction C dans la table en utilisant les noms Lua spécifiés. Elle laisse la table module nouvellement créée sur la pile.

4. **Compiler en bibliothèque partagée** : Compilez votre code C en une bibliothèque partagée (par ex., mabibliothequec.so ou mabibliothequec.dll). Assurez-vous de lier contre la bibliothèque Lua (liblua.a ou équivalent). Les options exactes du compilateur dépendent de votre SE et de votre compilateur (par ex., -shared -fPIC avec GCC sous Linux).

5. **Utiliser en Lua** : Placez le fichier bibliothèque compilé (mabibliothequec.so/.dll) quelque part où le chemin C de Lua (package.cpath) peut le trouver (souvent le répertoire courant fonctionne). Puis utilisez require en Lua :

```
-- mon_script.lua
local mabib = require("mabibliothequec") -- Charge .so/.dll, appelle
luaopen_mabibliothequec

local resultat = mabib.ajouter(15, 7) -- Appelle la fonction C via la
table module
print("Résultat depuis C :", resultat) -- Sortie : Résultat depuis C :
22
```

Gestion des erreurs dans l'API C

- **Appeler Lua** : Utilisez toujours lua_pcall au lieu de lua_call (qui ne gère pas les erreurs) lorsque vous appelez des fonctions Lua depuis C, sauf si vous êtes certain que le code Lua ne peut pas échouer. Vérifiez le code de retour de lua_pcall.

- **Lever des erreurs depuis C** : À l'intérieur d'une fonction C appelée *par* Lua, utilisez lua_error(L) ou le plus pratique luaL_error(L, chaineformat, ...) pour arrêter l'exécution et propager une erreur vers Lua.

luaL_error prend une chaîne de format de style printf et des arguments. Ces erreurs peuvent ensuite être attrapées en Lua en utilisant `pcall`.

- **Vérifier les retours de l'API** : Certaines fonctions API de base peuvent retourner des codes d'erreur ou NULL (bien que beaucoup manipulent simplement la pile). Consultez la documentation des fonctions que vous utilisez. Les fonctions `luaL_check*` aident en levant automatiquement des erreurs en cas de non-concordance de type.

Notes sur la gestion de la mémoire

- **Objets Lua** : Comme discuté au chapitre 13, le ramasse-miettes de Lua gère la mémoire des objets *créés par Lua* (chaînes poussées avec `lua_pushstring`, tables de `lua_createtable`, etc.). Vous ne les libérez pas directement depuis C.
- **Pointeur `lua_tolstring`** : Rappelez-vous que le pointeur retourné par `lua_tolstring` est temporaire. Copiez le contenu de la chaîne si vous en avez besoin après que la valeur ait quitté la pile.
- **Userdata** : Que faire si C a besoin d'allouer de la mémoire (par ex., pour une grande structure C) que Lua devrait gérer ? Cela se fait en utilisant **userdata**.
    - `void *lua_newuserdatauv(lua_State *L, size_t taille, int nvaleuru)` ; Alloue `taille` octets de mémoire gérée par le GC de Lua, y associe `nvaleuru` valeurs Lua (uservalues), et pousse l'objet userdata sur la pile. Vous obtenez un pointeur brut `void*` vers le bloc mémoire.
    - Vous pouvez associer une métatable aux userdata, tout comme aux tables. C'est crucial pour définir des opérations (en utilisant des métaméthodes comme `__add`, `__index`) et surtout pour définir une métaméthode `__gc` (un finaliseur) afin de libérer toutes les ressources C associées lorsque Lua collecte l'userdata par le ramasse-miettes.
    - Userdata permet aux données C d'être traitées presque comme un objet Lua de première classe. C'est un sujet plus avancé mais fondamental pour intégrer des structures C complexes avec Lua.

Résumé du chapitre

Ce chapitre a fourni une introduction cruciale à l'API C de Lua, l'interface permettant une communication bidirectionnelle puissante entre Lua et C. Vous avez appris le rôle central du `lua_State` et de la pile virtuelle utilisée pour l'échange de données. Nous avons couvert la poussée de valeurs C sur la pile (`lua_push*`) et la récupération de valeurs Lua depuis la pile (`lua_to*`, `luaL_check*`). Vous avez vu les procédures pour appeler des fonctions Lua depuis C en utilisant `lua_pcall` et, inversement, comment écrire et enregistrer des fonctions C (`int func(lua_State *L)`) pour qu'elles soient appelables *depuis* Lua. Nous avons exploré la méthode standard pour créer des bibliothèques C (modules) en utilisant `luaL_Reg` et les fonctions `luaopen_`, chargeables via `require`. Nous avons également brièvement abordé la gestion des erreurs à travers la frontière et le concept d'userdata pour intégrer des données allouées en C avec le ramasse-miettes de Lua.

Comprendre l'API C débloque le potentiel de Lua pour la haute performance et l'intégration avec les systèmes existants. Bien que nous nous soyons concentrés sur C, des principes similaires s'appliquent lors de l'interaction avec d'autres langages ayant des liaisons C (comme C++).

Maintenant que nous avons vu comment étendre Lua avec C, revenons à Lua pur et explorons comment son système flexible de tables et métatables peut être utilisé pour implémenter des motifs d'un paradigme de programmation différent : la programmation orientée objet.

15

Simuler des objets

Tout au long de ce livre, nous avons exploré les fonctionnalités fondamentales de Lua : ses tables polyvalentes (Chapitre 6), ses fonctions de première classe (Chapitre 5), et la puissante couche de personnalisation fournie par les métatables (Chapitre 7). Bien que Lua n'inclue pas de mots-clés explicites comme `class`, `private`, ou `interface` trouvés dans les langages de programmation orientée objet (POO) traditionnels tels que Java, C++ ou Python, ses blocs de construction fondamentaux sont parfaitement adaptés pour implémenter les concepts et motifs POO de manière flexible et élégante. Ce chapitre démontre comment vous pouvez tirer parti des tables et des métatables pour simuler des classes, des objets, des méthodes, l'héritage et l'encapsulation en Lua, en adoptant le style orienté objet lorsqu'il profite à la structure et à la conception de votre programme.

L'approche flexible de Lua à la POO

La programmation orientée objet tourne autour de l'idée d'"objets" – des unités autonomes qui regroupent des données (attributs ou propriétés) et du comportement (méthodes ou fonctions qui opèrent sur ces données). Lua réalise cela non pas par une syntaxe rigide mais par une utilisation intelligente de ses fonctionnalités existantes :

- **Les tables comme objets** : L'état d'un objet individuel (ses données) est naturellement représenté par une table Lua, où les clés contiennent les noms des attributs et les valeurs contiennent les données correspondantes.

- **Les tables comme classes/prototypes** : Le comportement partagé (méthodes) pour un groupe d'objets similaires peut être stocké dans une autre table, souvent appelée "classe" ou, peut-être plus précisément dans le cas de Lua, table "prototype".
- **Les métatables comme liant** : La connexion magique entre un objet (table instance) et son comportement partagé (table classe/prototype) est typiquement établie en utilisant la métaméthode `__index`. Cela permet à un objet de déléguer les recherches de champs manquants (en particulier les méthodes) à son prototype désigné.

Cette approche offre une flexibilité considérable. Vous pouvez choisir des motifs qui imitent étroitement l'héritage classique ou vous appuyer davantage sur des styles basés sur les prototypes où les objets héritent directement d'autres objets. La clé est de comprendre comment combiner efficacement tables et métatables.

Représenter les objets et les classes

Commençons par les bases : représenter les données et le comportement partagé.

Les objets comme tables

Une instance d'objet a simplement besoin de contenir ses propres données uniques. Une table ordinaire est parfaite pour cela.

```lua
-- Représente un objet voiture spécifique
local maVoiture = {
  marque = "Moteurs Lua",
  modele = "Scriptster",
  couleur = "bleu",
  vitesse = 0
}

-- Représente un autre objet voiture
local voitureVoisin = {
  marque = "TableTech",
  modele = "Array GT",
  couleur = "rouge",
  vitesse = 0
}

print(maVoiture.marque)       -- Sortie : Moteurs Lua
print(voitureVoisin.couleur) -- Sortie : rouge
```

Ces tables contiennent l'*état* spécifique à chaque voiture. Mais comment les faire *faire* quelque chose, comme accélérer ?

Les classes (ou prototypes) comme tables

Nous pouvons définir une table séparée pour contenir les fonctions (méthodes) que toutes les voitures devraient partager. Appelons cela notre prototype `Vehicule`.

```lua
-- Représente le comportement partagé pour les véhicules
local Vehicule = {}

-- Nous ajouterons bientôt des méthodes à cette table...
-- function Vehicule:accelerer(quantite) ... end
-- function Vehicule:freiner(quantite) ... end

-- Nous pourrions aussi inclure des valeurs par défaut ici si désiré
Vehicule.vitesseMaxDefaut = 120
```

Cette table `Vehicule` contient le *comportement* ou sert de modèle. Maintenant, comment connectons-nous `maVoiture` à `Vehicule` pour que `maVoiture` puisse utiliser les méthodes de `Vehicule` ? D'abord, nous devons comprendre comment les méthodes fonctionnent avec le concept de `self`.

Méthodes et l'opérateur deux-points (:)

En POO, les méthodes opèrent typiquement sur l'objet spécifique sur lequel elles ont été appelées. Par exemple, lorsque vous appelez `maVoiture:accelerer()`, la fonction `accelerer` doit savoir *quelle* voiture (`maVoiture`) modifier. Lua gère cette association élégamment en utilisant l'opérateur deux-points (:), qui fournit du sucre syntaxique pour passer implicitement l'instance de l'objet.

Définir des méthodes

Lorsque vous définissez une fonction dans votre table de classe/prototype en utilisant la notation deux-points, Lua ajoute automatiquement un premier paramètre caché nommé `self`.

```lua
local Vehicule = {}

-- Définit la méthode 'accelerer' en utilisant ':'
function Vehicule:accelerer(quantite)
```

```
    -- 'self' fait automatiquement référence à l'objet sur lequel la méthode est
appelée
    -- (par ex., maVoiture lors de l'appel maVoiture:accelerer())
    print("Accélération...")
    self.vitesse = self.vitesse + quantite
    print("Vitesse actuelle :", self.vitesse)
end

-- Définit la méthode 'freiner'
function Vehicule:freiner(quantite)
    print("Freinage...")
    self.vitesse = self.vitesse - quantite
    if self.vitesse < 0 then self.vitesse = 0 end -- Pas de vitesse négative
    print("Vitesse actuelle :", self.vitesse)
end
```

Écrire `function Vehicule:accelerer(quantite)` est exactement équivalent à écrire
`Vehicule.accelerer = function(self, quantite)`. Le deux-points vous évite simplement de taper `self` explicitement dans la liste des paramètres.

Appeler des méthodes

Lorsque vous *appelez* une fonction en utilisant la notation deux-points (`objet:nom-
Methode(args...)`), Lua insère automatiquement l'objet lui-même comme tout
premier argument passé à la fonction.

```
-- Supposons que maVoiture est correctement liée à Vehicule (nous montrerons
comment ensuite)
-- maVoiture:accelerer(30)

-- Cet appel est du sucre syntaxique pour :
-- Vehicule.accelerer(maVoiture, 30)
```

L'opérateur deux-points gère le passage de l'objet (`maVoiture`) comme paramètre `self`
à la méthode (`Vehicule.accelerer`). Cela rend les appels de méthode propres et
centrés sur l'objet.

Réaliser l'héritage avec `__index`

Maintenant, connectons l'instance (`maVoiture`) avec le prototype (`Vehicule`) afin que
lorsque nous appelons `maVoiture:accelerer()`, Lua trouve la fonction `accelerer`

dans la table `Vehicule`. Nous utilisons la métaméthode `__index`, comme introduit au chapitre 7.

Le motif le plus courant est de définir le champ `__index` de la métatable d'une instance pour qu'il pointe directement vers la table prototype.

```lua
local Vehicule = {} -- Notre table prototype / classe

function Vehicule:accelerer(quantite)
  self.vitesse = (self.vitesse or 0) + quantite -- Gère vitesse potentiellement
nil
  print("Accélération à :", self.vitesse)
end

function Vehicule:freiner(quantite)
    self.vitesse = (self.vitesse or 0) - quantite
    if self.vitesse < 0 then self.vitesse = 0 end
    print("Freinage à :", self.vitesse)
end

-- Crée une table d'instance
local maVoiture = { marque = "Moteurs Lua", vitesse = 0 }

-- Crée la métatable pour l'instance
local mt = {
  __index = Vehicule -- Si une clé n'est pas trouvée dans maVoiture, chercher
dans Vehicule
}

-- Attache la métatable à l'instance
setmetatable(maVoiture, mt)

-- Maintenant, essayons d'appeler une méthode :
maVoiture:accelerer(50) -- Lua cherche 'accelerer' dans maVoiture -> non trouvé.
                        -- Vérifie metatable.__index -> trouve Vehicule.
                        -- Cherche 'accelerer' dans Vehicule -> trouvé !
                        -- Appelle Vehicule.accelerer(maVoiture, 50)

maVoiture:freiner(20)       -- Fonctionne de manière similaire.

print(maVoiture.vitesse)    -- Accède aux données directement depuis maVoiture.
```

Sortie :

```
Accélération à : 50
Freinage à : 30
```

Cette configuration `__index = TablePrototype` est le mécanisme central pour simuler les classes et l'héritage simple en Lua. L'instance contient ses propres données, et les recherches de méthodes sont déléguées à la table prototype partagée.

Fonctions constructeur

Créer manuellement une table d'instance et définir sa métatable à chaque fois est fastidieux et sujet aux erreurs. La pratique standard est de définir une **fonction constructeur**, conventionnellement nommée new, dans la table prototype/classe. Cette fonction gère la création et la configuration des nouvelles instances.

```lua
local Vehicule = {}
Vehicule.__index = Vehicule -- Rend les méthodes appelables sur la table de
classe elle-même *et*
                          -- simplifie la définition de __index dans le
constructeur.

-- Fonction constructeur
function Vehicule:new(marque, modele, couleur)
  print("Création nouveau véhicule :", marque, modele)
  -- 1. Crée une table d'instance vide
  local instance = {}

  -- Initialise les données spécifiques à l'instance
  instance.marque = marque or "Marque Inconnue"
  instance.modele = modele or "Modèle Inconnu"
  instance.couleur = couleur or "noir"
  instance.vitesse = 0

  -- 2. Définit sa métatable pour activer la recherche de méthode (__index =
Vehicule)
  setmetatable(instance, self) -- 'self' ici fait référence à la table Vehicule
elle-même
                              -- car nous avons appelé Vehicule:new()

  -- 3. Retourne la nouvelle instance
  return instance
end

-- Méthodes (définies comme avant)
function Vehicule:accelerer(quantite)
  self.vitesse = (self.vitesse or 0) + quantite
```

```
    print(self.marque .. " accélère à :", self.vitesse)
end

function Vehicule:freiner(quantite)
  self.vitesse = (self.vitesse or 0) - quantite
  if self.vitesse < 0 then self.vitesse = 0 end
  print(self.marque .. " freine à :", self.vitesse)
end

-- --- Utilisation ---
local voiture1 = Vehicule:new("Moteurs Lua", "Scriptster", "bleu")
local voiture2 = Vehicule:new("TableTech", "Array GT", "rouge")

voiture1:accelerer(60)
voiture2:accelerer(75)
voiture1:freiner(10)
```

Sortie :

```
Création nouveau véhicule : Moteurs Lua Scriptster
Création nouveau véhicule : TableTech Array GT
Moteurs Lua accélère à : 60
TableTech accélère à : 75
Moteurs Lua freine à : 50
```

Le constructeur `Vehicule:new(...)` fournit un moyen propre et cohérent de créer des objets véhicule correctement initialisés qui héritent automatiquement des méthodes de `Vehicule`. La ligne `Vehicule.__index = Vehicule` est un idiome courant : elle assure que lorsque `setmetatable(instance, self)` est appelée à l'intérieur de `Vehicule:new`, le champ `__index` de la métatable pointe vers la table `Vehicule` elle-même.

Héritage

La POO implique souvent la création de classes spécialisées basées sur des classes plus générales (par ex., une `Voiture` *est un* `Vehicule`, une `VoitureElectrique` *est une* `Voiture`). Le mécanisme `__index` de Lua supporte naturellement ce type d'**héritage**.

Pour faire hériter `Voiture` de `Vehicule` :

1. **Créer la table** `Voiture` : Elle contiendra les méthodes spécifiques aux voitures ou surchargera les méthodes de `Vehicule`.

2. **Définir la métatable de** Voiture : Faire en sorte que Voiture elle-même hérite de Vehicule pour que si une méthode n'est pas trouvée dans Voiture, Lua cherche dans Vehicule. Nous faisons cela en utilisant setmetatable(Voiture, { __index = Vehicule }).

3. **Définir le constructeur de** Voiture (Voiture:new) : Celui-ci doit généralement :
   - Créer une table d'instance.
   - Définir la métatable de l'instance à { __index = Voiture } pour qu'elle cherche d'abord les méthodes dans Voiture.
   - Appeler le constructeur de la classe parente (Vehicule.new) ou la logique d'initialisation pour configurer les propriétés communes du véhicule.
   - Initialiser les propriétés spécifiques à la voiture.

4. **Ajouter/Surcharger des méthodes** : Définir toute nouvelle méthode spécifique à Voiture ou redéfinir des méthodes héritées de Vehicule.

```lua
-- (Définition de la classe Vehicule de l'exemple précédent)

-- 1. Crée la table de sous-classe Voiture
local Voiture = {}

-- 2. Définit la métatable de Voiture pour hériter de Vehicule
setmetatable(Voiture, { __index = Vehicule })
-- Ceci assure que Voiture elle-même se comporte comme un Vehicule, héritant de
'new', etc.
-- si nécessaire, et permet la chaîne de recherche de méthode : instance ->
Voiture -> Vehicule.

-- 3. Définit le constructeur de Voiture
function Voiture:new(marque, modele, couleur, nbPortes)
  print("Création nouvelle voiture :", marque, modele)
  -- Crée la table d'instance en utilisant d'abord le constructeur de Vehicule
  -- Note : Appeler la méthode de la superclasse avec '.' pour passer 'self' (la
table Voiture) explicitement
  --        est une façon de faire, ou juste créer la table et définir la
métatable.
  --        Utilisons une approche plus simple ici :
  local instance = Vehicule:new(marque, modele, couleur) -- Utilise
l'initialiseur de Vehicule

  -- Définit la métatable de l'instance à Voiture (écrase celle définie par
Vehicule:new)
  -- pour que les recherches de méthode commencent à Voiture.
  setmetatable(instance, { __index = Voiture })
```

```lua
    -- Initialise les propriétés spécifiques à Voiture
    instance.nbPortes = nbPortes or 4

    return instance
end

-- 4. Ajoute/Surcharge des méthodes
function Voiture:klaxonner()
    print(self.marque .. " dit : Tut ! Tut !")
end

-- Optionnel : Surcharge accelerer si les voitures accélèrent différemment
-- function Voiture:accelerer(quantite)
--     print(self.marque .. " voiture accélère...")
--     -- Appelle la méthode accelerer du parent explicitement si nécessaire
--     Vehicule.accelerer(self, quantite * 1.1) -- par ex., les voitures
accélèrent plus vite
--     -- Ou réécrit entièrement la logique d'accélération
-- end


-- --- Utilisation ---
local maVoitureLuxe = Voiture:new("MetaMoteurs", "Berline", "argent", 4)
local maVoitureSport = Voiture:new("Lua Speedsters", "Bolide", "jaune", 2)

maVoitureLuxe:accelerer(70) -- Utilise Vehicule:accelerer (car Voiture ne la
surcharge pas)
maVoitureSport:klaxonner()  -- Utilise Voiture:klaxonner
maVoitureLuxe:freiner(30)   -- Utilise Vehicule:freiner

print(maVoitureLuxe.marque, "a", maVoitureLuxe.nbPortes, "portes.")
```

Sortie :

```
Création nouvelle voiture : MetaMoteurs Berline
Création nouveau véhicule : MetaMoteurs Berline
Création nouvelle voiture : Lua Speedsters Bolide
Création nouveau véhicule : Lua Speedsters Bolide
MetaMoteurs accélère à : 70
Lua Speedsters dit : Tut ! Tut !
MetaMoteurs freine à : 40
MetaMoteurs a 4 portes.
```

La recherche de méthode suit maintenant la chaîne : `maVoitureLuxe -> Voiture ->` `Vehicule`. Le premier `accelerer` trouvé est dans `Vehicule`. Le premier `klaxonner` trouvé est dans `Voiture`.

Confidentialité et encapsulation

L'**encapsulation** est le regroupement des données avec les méthodes qui opèrent sur ces données, et la restriction de l'accès direct à l'état interne d'un objet (souvent appelé masquage d'information ou confidentialité).

Lua n'a **aucun mécanisme intégré** pour imposer la confidentialité comme les mots-clés `private` ou `protected`. Tous les champs de table sont publiquement accessibles par défaut.

La **convention** largement acceptée dans la communauté Lua est d'indiquer les membres "non publics" (ceux destinés à un usage interne au sein de la classe ou de ses sous-classes) en préfixant leurs noms d'un seul trait de soulignement (_).

```lua
local Compte = {}
Compte.__index = Compte

function Compte:new(soldeInitial)
  local instance = {}
  setmetatable(instance, self)
  instance._solde = soldeInitial -- Convention : '_' indique non-public
  return instance
end

function Compte:deposer(montant)
  self._solde = self._solde + montant
end

function Compte:retirer(montant)
  if montant > self._solde then
    error("Fonds insuffisants")
  end
  self._solde = self._solde - montant
end

function Compte:getSolde() -- Méthode d'accès publique
  return self._solde
end

-- Utilisation
local cpt = Compte:new(100)
```

```
cpt:deposer(50)
-- print(cpt._solde) -- POSSIBLE, mais considéré comme MAUVAISE PRATIQUE d'y
accéder directement
print("Solde actuel :", cpt:getSolde()) -- Manière préférée
```

Cette convention du trait de soulignement repose entièrement sur la discipline du programmeur. C'est un signal disant : "Vous ne devriez probablement pas toucher à ceci directement depuis l'extérieur des propres méthodes de l'objet."

Simuler une vraie confidentialité : Il *est* possible d'obtenir une encapsulation plus forte en utilisant les fermetures (Chapitre 5). Vous pouvez définir des méthodes à l'intérieur du constructeur où elles forment des fermetures sur des variables `local` contenant les données de l'instance. Ces variables locales sont alors vraiment inaccessibles de l'extérieur.

```
function creerCompteSecurise(soldeInitial)
  local solde = soldeInitial -- Vraiment local, inaccessible de l'extérieur

  local instance = {} -- La table d'interface publique

  function instance:deposer(montant)
    solde = solde + montant
  end

  function instance:retirer(montant)
    if montant > solde then error("Fonds insuffisants") end
    solde = solde - montant
  end

  function instance:getSolde()
    return solde
  end

  -- Pas besoin de métatable ici pour les méthodes de base, mais pourrait être
ajoutée
  -- pour l'héritage ou la surcharge d'opérateurs.
  return instance
end

local cptSecurise = creerCompteSecurise(200)
cptSecurise:deposer(25)
print(cptSecurise:getSolde()) -- Sortie : 225
-- print(cptSecurise.solde) -- Sortie : nil (La variable 'solde' n'est pas dans
la table)
```

Cette approche basée sur les fermetures fournit une vraie confidentialité mais peut être plus complexe à mettre en place, surtout avec l'héritage, et pourrait avoir de légères implications sur les performances par rapport à l'approche standard par métatable. Pour la plupart des besoins typiques de POO en Lua, la convention du trait de soulignement combinée aux métatables est suffisante et plus idiomatique.

Héritage multiple (brièvement)

Et si vous voulez qu'une classe hérite du comportement de *plusieurs* classes parentes ? Le `__index = TableParente` de base de Lua ne supporte directement que l'héritage simple.

L'héritage multiple peut être réalisé, mais il introduit des complexités (comme le "problème du diamant" – que se passe-t-il si deux parents fournissent des méthodes avec le même nom ?). Une technique Lua courante consiste à définir la métaméthode `__index` comme une **fonction**. Cette fonction reçoit la table et la clé manquante comme arguments et peut ensuite implémenter une stratégie de recherche personnalisée, parcourant une liste de tables parentes dans un ordre défini.

```lua
-- Concept simplifié - PAS du code de production
local function chercherParents(parents)
  return function(instance, cle)
    for _, parent in ipairs(parents) do
      local valeur = parent[cle]
      if valeur then return valeur end -- Trouvé dans un parent
    end
    return nil -- Non trouvé dans aucun parent
  end
end

local Volant = { voler = function(self) print(self.nom .. " vole !") end }
local Nageur = { nager = function(self) print(self.nom .. " nage !") end }

local Canard = { nom = "Canard" }
-- Fait hériter Canard de Volant ET Nageur
setmetatable(Canard, { __index = chercherParents({ Volant, Nageur }) })

Canard:voler()  -- Sortie : Canard vole !
Canard:nager() -- Sortie : Canard nage !
```

Bien que possible, l'héritage multiple peut rendre les hiérarchies de classes confuses. Souvent, des motifs de conception alternatifs comme la **composition** (où un objet *a* des instances d'autres objets et leur délègue des tâches) ou l'utilisation de **mixins** (tables de fonctions fusionnées dans une classe) sont considérés comme des solutions plus propres en Lua.

Comparaison de la POO Lua avec d'autres langages

- **Flexibilité vs Rigidité** : La POO basée sur les tables de Lua est moins rigide que les systèmes de classes à la compilation. Vous pouvez ajouter des méthodes à des objets individuels, changer la "classe" d'un objet (en changeant sa métatable) à l'exécution, et implémenter facilement l'héritage basé sur les prototypes.
- **Simplicité (Langage de base)** : Le langage de base reste simple ; la POO est construite *par-dessus* les fonctionnalités existantes (tables, fonctions, métatables), pas ajoutée comme une syntaxe complexe séparée.
- **Mécanismes explicites** : Comprendre __index et les métatables est essentiel. La magie est moins cachée que dans certains langages avec une syntaxe class dédiée.
- **Convention plutôt qu'application** : Des concepts comme la confidentialité reposent fortement sur la convention du programmeur plutôt que sur l'application par le langage.

Résumé du chapitre

Ce chapitre a démontré que bien que Lua manque d'une syntaxe class intégrée, il fournit tous les outils nécessaires pour implémenter efficacement les paradigmes de la programmation orientée objet. Vous avez appris à représenter des objets et des classes en utilisant des tables, comment l'opérateur deux-points (:) simplifie la définition et l'appel des méthodes en gérant implicitement le paramètre self, et comment la métaméthode __index est la clé pour lier les instances aux tables prototype/classe pour la recherche de méthodes et l'héritage simple. Nous avons exploré le motif de constructeur courant (Classe:new) pour créer des instances et vu comment les hiérarchies d'héritage peuvent être construites en chaînant les recherches __index via les métatables. Nous avons également discuté des conventions de confidentialité (_) par rapport à la véritable encapsulation avec les fermetures et brièvement abordé les complexités et les alternatives à l'héritage multiple. L'approche de Lua à la POO est flexible, puissante et repose fondamentalement sur les concepts centraux des tables et des métatables que vous avez appris précédemment.

Maintenant que vous avez vu comment Lua gère les structures et paradigmes de programmation courants, examinons où Lua est couramment mis en œuvre dans des scénarios du monde réel dans le prochain chapitre.

16

Lua dans le monde réel

Ayant exploré les structures de données de Lua, le contrôle de flux, les fonctions, les motifs orientés objet (Chapitre 15), et les bibliothèques standard (Chapitre 12), vous pourriez vous demander : où toute cette théorie rencontre-t-elle la pratique ? Où Lua fait-il réellement une différence dans le monde ? Alors que certains langages dominent des niches spécifiques, la force de Lua réside dans sa remarquable polyvalence. Sa combinaison de simplicité, de vitesse, de petite taille et de facilité d'intégration inégalée en fait un outil précieux dans un éventail d'applications étonnamment diversifié. Ce chapitre met en lumière certains des domaines clés où Lua a rencontré un succès significatif, démontrant sa valeur pratique au-delà des fondamentaux.

Lua comme langage d'extension

Le rôle peut-être le plus courant et le plus déterminant pour Lua est celui de langage d'**extension** ou de **scripting** intégré dans des applications plus grandes écrites dans des langages compilés comme C ou C++. C'était, après tout, l'un de ses principaux objectifs de conception, comme discuté au chapitre 1.

Pourquoi intégrer Lua ?

Imaginez que vous avez construit une simulation scientifique complexe, un outil de conception graphique, ou une application serveur en C++. Vous voulez permettre aux utilisateurs (ou à d'autres développeurs de votre équipe) de personnaliser son com-

portement, d'automatiser des tâches répétitives, ou d'ajouter de nouvelles fonctionnalités sans avoir besoin de recompiler toute l'application principale. Intégrer Lua
fournit une solution parfaite :

- **Flexibilité** : Les utilisateurs peuvent écrire de simples scripts Lua pour contrôler certains aspects de l'application principale.
- **Sécurité** : L'environnement Lua s'exécute dans un bac à sable (sandbox). Les
  scripts ne peuvent typiquement pas faire planter toute l'application hôte à
  moins qu'on ne leur permette explicitement des opérations dangereuses.
- **Prototypage rapide** : De nouvelles fonctionnalités ou logiques peuvent
  souvent être développées beaucoup plus rapidement en Lua qu'en C++.
- **Accessibilité** : Les utilisateurs n'ont pas besoin d'environnements de construction C++ complexes ; ils peuvent souvent simplement éditer des scripts Lua
  textuels.

L'application C utilise l'API C de Lua (Chapitre 14) pour créer un état Lua, exposer des
fonctions ou des structures de données C spécifiques à l'environnement Lua (par ex.,
`appHote.setCouleur("rouge")`), puis charger et exécuter des scripts Lua.

Cas d'utilisation pour Lua intégré

- **Fichiers de configuration** : Au lieu de fichiers texte simples ou de formats
  complexes comme XML/YAML, certaines applications utilisent des scripts
  Lua pour la configuration. Cela permet des paramètres dynamiques, une
  logique conditionnelle, et des calculs directement au sein de la configuration
  elle-même.

```
-- config.lua (Exemple de Configuration)
local est_production = os.getenv("APP_ENV") == "production"

parametres = {
  titre_fenetre = "Mon Application v1.2",
  graphismes = {
    resolution_x = 1920,
    resolution_y = 1080,
    plein_ecran = est_production, -- Utilise la logique dans la config !
    vsync = true
  },
  reseau = {
    ip_serveur = est_production and "10.0.1.5" or "127.0.0.1",
    port = 8080
  },
  -- Définit une fonction que l'app hôte peut appeler
```

```
    au_demarrage = function()
      print("Configuration chargée ! Mode production :", est_production)
    end
  }
  -- L'application C++ chargerait ce fichier, l'exécuterait,
  -- puis lirait les valeurs de la table globale 'parametres'.
```

- **Systèmes de plugins** : De nombreuses applications permettent aux développeurs tiers d'étendre leurs fonctionnalités via des plugins. Lua est un choix populaire pour le scripting de plugins car il est relativement facile à apprendre et sûr à exécuter. L'application hôte définit une API que les plugins Lua peuvent appeler pour interagir avec les fonctionnalités principales de l'application.

- **Exemples spécifiques** :

  - **Adobe Lightroom** : Utilise Lua pour développer des plugins afin d'automatiser les tâches de traitement photo, ajouter des éléments d'interface utilisateur et s'intégrer aux services web.
  - **Redis** : Permet des opérations atomiques complexes et du scripting côté serveur en utilisant des procédures Lua.
  - **Neovim / Vim** : Des éditeurs de texte modernes qui exploitent largement Lua pour la configuration et le développement de plugins, offrant des avantages significatifs en termes de performances par rapport aux anciennes méthodes de script.
  - **Wireshark** : L'analyseur de protocoles réseau utilise Lua pour écrire des "dissecteurs" de protocoles personnalisés et des scripts de post-traitement.
  - **Nginx (via OpenResty)** : Bien qu'il s'agisse également d'un cas d'utilisation de serveur web, OpenResty intègre fondamentalement Lua profondément dans le cycle de traitement des requêtes de Nginx.

Animer le développement de jeux

Le développement de jeux est sans doute le domaine le plus visible et le plus réussi de Lua. Ses caractéristiques en font un choix presque parfait pour de nombreux aspects de la création de jeux.

Pourquoi Lua dans les jeux ?

- **Itération rapide** : La logique de jeu (comme le comportement de l'IA, la progression des quêtes, les statistiques des armes, le flux de l'interface utilisateur) nécessite souvent des ajustements fréquents pendant le développement. Modifier des scripts Lua est beaucoup plus rapide que de recompiler de grandes bases de code C++, permettant aux concepteurs et aux scripteurs d'expérimenter et d'itérer rapidement.
- **Facilité d'utilisation** : La syntaxe simple de Lua le rend accessible aux membres de l'équipe qui ne sont pas des programmeurs C++ chevronnés, comme les concepteurs de jeux ou les scripteurs de niveaux.
- **Performances** : Alors que C++ gère le gros du travail du moteur graphique et de la physique, Lua est généralement assez rapide pour la couche de script qui contrôle *ce que* fait le moteur. LuaJIT (une implémentation haute performance de Lua 5.1) est souvent utilisé pour une vitesse encore plus grande.
- **Intégrabilité & faible empreinte** : Les moteurs de jeu (souvent écrits en C++) peuvent facilement intégrer Lua, et sa petite taille est avantageuse, en particulier sur les plateformes aux ressources limitées comme les appareils mobiles ou les consoles.
- **Modding** : Exposer une API Lua permet aux joueurs de créer des modifications ("mods") pour les jeux, prolongeant leur durée de vie et construisant des communautés dynamiques (par ex., les addons d'interface utilisateur de World of Warcraft).

Scripter la logique de jeu

Lua est couramment utilisé pour scripter :

- **L'Intelligence Artificielle (IA)** : Définir comment les personnages non-joueurs (PNJ) réagissent au joueur, prennent des décisions et naviguent dans le monde.
- **L'Interface Utilisateur (UI)** : Gérer les clics de bouton, afficher des informations, gérer les menus et animer les éléments de l'interface utilisateur.
- **Les événements de gameplay** : Définir ce qui se passe lorsque des événements spécifiques se produisent (par ex., le joueur entre dans une région, termine un objectif, ramasse un objet).
- **Les quêtes et les dialogues** : Scripter le déroulement des quêtes, les conditions d'avancement et les conversations des personnages.
- **Le comportement des armes/objets** : Définir les dégâts, les effets, les temps de recharge et les capacités spéciales.

Moteurs et jeux populaires

- **Roblox** : Utilise son propre dialecte optimisé, Luau, permettant à des millions d'utilisateurs de créer et de partager des expériences interactives. C'est l'un des plus grands déploiements de technologie de type Lua au monde.
- **Moteur Defold** : Un moteur gratuit et léger développé par King (puis la Fondation Defold) qui utilise Lua comme principal langage de script.
- **LÖVE (ou Love2D)** : Un framework open-source populaire pour créer des jeux 2D en Lua, connu pour sa simplicité et sa communauté de soutien.
- **Solar2D (anciennement Corona SDK)** : Un autre framework mature utilisant Lua, souvent privilégié pour le développement de jeux et d'applications mobiles.
- **World of Warcraft** : Célèbre pour ses capacités étendues de modification de l'interface utilisateur alimentées par Lua. Les joueurs écrivent des addons pour personnaliser presque tous les aspects de l'interface du jeu.
- **Série Civilization** : Utilise Lua pour diverses tâches de script, y compris l'IA et les éléments d'interface utilisateur.
- ... et d'innombrables autres, allant de petits titres indépendants à de grandes productions AAA, utilisant souvent Lua en interne même si ce n'est pas annoncé publiquement.

Lua sur le Web

Alors que des langages comme JavaScript (Node.js), Python (Django/Flask), Ruby (Rails) ou PHP dominent le développement web général, Lua s'est taillé une niche significative dans l'**infrastructure web haute performance**.

Scripting côté serveur avec OpenResty

L'acteur le plus important ici est **OpenResty**. Ce n'est pas techniquement un serveur web Lua lui-même, mais plutôt une plateforme web hautement améliorée construite en regroupant le serveur web standard Nginx avec une intégration puissante de LuaJIT.

- **Nginx + LuaJIT** : OpenResty permet aux développeurs d'écrire des scripts Lua qui s'exécutent directement dans l'architecture efficace et événementielle de Nginx. Ces scripts peuvent intercepter différentes phases du cycle de vie des requêtes/réponses HTTP.
- **Cas d'utilisation** : Les développeurs utilisent OpenResty/Lua pour :

- Construire des applications web dynamiques et des API haute performance.
- Créer des passerelles API sophistiquées (comme Kong, qui est construit sur OpenResty).
- Implémenter une logique dynamique de routage, d'authentification et de transformation des requêtes/réponses.
- Développer des pare-feu d'applications Web (WAF).
- Analyses en temps réel et journalisation des requêtes.
- **Avantages :**
  - **Performances** : Tire parti de la vitesse de Nginx et des performances quasi-C de LuaJIT pour la logique scriptée.
  - **Concurrence** : Utilise excellemment le modèle d'E/S non bloquant de Nginx, souvent combiné avec les coroutines Lua (gérées par des bibliothèques au sein d'OpenResty) pour gérer efficacement des dizaines de milliers de connexions simultanées sans l'utilisation intensive des ressources des serveurs à threads traditionnels.

Frameworks Web Lua

Alors qu'OpenResty fournit la base, plusieurs frameworks web ont été construits par-dessus (ou fonctionnent indépendamment) pour offrir des structures de plus haut niveau (comme les motifs Modèle-Vue-Contrôleur) pour construire des applications web en Lua :

- **Lapis** : Un framework populaire pour Lua/OpenResty, mettant l'accent sur la vitesse et fournissant des outils pour le routage, le templating HTML, l'accès aux bases de données, etc. (http://leafo.net/lapis/)
- **Sailor** : Un autre framework MVC pour Lua. (https://sailorproject.org/)

Lua sur le web brille particulièrement là où les performances et la haute concurrence sous forte charge sont des exigences critiques.

Autres cas d'utilisation intéressants

La flexibilité de Lua conduit à son adoption dans divers autres domaines :

- **Traitement de texte** : La puissante bibliothèque `string` de Lua, en particulier sa correspondance de motifs (Chapitre 8), le rend très capable pour les tâches impliquant la manipulation de texte, l'extraction de données à partir de logs, l'analyse simple et la conversion de format.

- **Administration système** : Pour écrire de petits scripts d'automatisation rapides, Lua peut être une alternative aux scripts shell, Perl ou Python, en particulier lorsque les dépendances doivent être minimales ou qu'une intégration avec une application C est requise.
- **Systèmes embarqués** : Bien que C reste dominant en raison de son contrôle matériel direct, l'empreinte extrêmement faible de Lua (l'interpréteur de base peut faire moins de 200 Ko) et sa portabilité en font une option viable pour le scripting sur certains microcontrôleurs aux ressources limitées ou systèmes Linux embarqués où une couche de script est bénéfique. Des projets comme eLua ciblent spécifiquement ces plateformes.
- **Calcul scientifique** : Alors que des langages comme Python (avec NumPy/ SciPy) ou des langages spécialisés comme R ou Julia sont plus courants, Lua est parfois utilisé comme langage "glue" dans les environnements de calcul scientifique, orchestrant des workflows ou fournissant des interfaces de script pour de grands codes de simulation souvent écrits en Fortran ou C/C++.

Brèves études de cas (Scénarios)

Revisitons certains concepts antérieurs avec ces applications à l'esprit :

1. **Configuration de Mod de Jeu** : Un jeu expose une API Lua. Un joueur veut changer la couleur d'un élément spécifique de l'interface utilisateur. Il pourrait écrire un simple script `config.lua` chargé par le système d'addons du jeu :

```lua
-- Mod config.lua
local elements_ui = JeuHote.GetUIElements() -- Appelle une fonction C++
exposée à Lua
local barre_vie = elements_ui.BarreVie

if barre_vie then
  barre_vie:SetCouleur(0.8, 0.1, 0.1, 0.9) -- Appelle une méthode sur
l'objet exposé depuis C++
  barre_vie:SetFormatTexte("{valeur} / {valeur_max}")
end
```

Utilise des tables, potentiellement des userdata/métatables de C++, des appels de fonction.

2. **Routage dynamique de serveur web (OpenResty)** : Un serveur web doit acheminer les requêtes en fonction de la région d'un utilisateur, déterminée par son adresse IP. Un script Lua OpenResty pourrait gérer cela :

```
-- phase_access.lua (S'exécute tôt dans le traitement des requêtes
Nginx)
local geo_lookup = require("lib_geoip") -- Module geoip hypothétique
local ip_requete = ngx.var.remote_addr    -- Obtient l'IP de la requête
depuis une variable Nginx

local region = geo_lookup.get_region(ip_requete)

if region == "EU" then
  ngx.var.serveur_backend = "pool_serveurs_eu" -- Définit la variable
Nginx pour l'upstream
elseif region == "US" then
  ngx.var.serveur_backend = "pool_serveurs_us"
else
  ngx.var.serveur_backend = "pool_serveurs_defaut"
end
-- Nginx continue le traitement, en utilisant la variable
'serveur_backend'
```

Utilise des modules, l'API ngx *(spécifique à OpenResty), la logique conditionnelle.*

3. **Validation de données personnalisée (Intégré)** : Une application permet aux utilisateurs de définir des règles de validation pour la saisie de données en utilisant Lua.

```
-- regle_validation.lua
function valider_code_produit(code)
  -- Règle : Doit faire 8 car., commencer par 'P', finir par un chiffre
  if type(code) ~= "string" then return false, "Le code doit être une
chaîne" end
  if #code ~= 8 then return false, "Le code doit faire 8 caractères" end

  -- Utilise les motifs de chaîne (Chapitre 8)
  local motif = "^P%w+%d$" -- Commence par P, alphanumérique, finit par
chiffre
  if string.match(code, motif) then
    return true -- Valide
  else
    return false, "Format invalide (doit être PxxxxxxC)"
  end
end
-- L'application hôte appelle valider_code_produit(entreeUtilisateur)
via l'API C
```

Utilise des fonctions, vérification de type, bibliothèque string, motifs.

Résumé du chapitre

Lua est bien plus qu'un simple exercice académique ; c'est un langage pragmatique résolvant des problèmes du monde réel dans diverses industries. Nous avons vu son rôle crucial en tant que **langage d'extension**, permettant la personnalisation et le scripting dans des applications allant des logiciels de conception graphique aux bases de données et éditeurs de texte. Sa domination dans le **développement de jeux** pour scripter la logique, l'IA et l'interface utilisateur est indéniable, portée par sa vitesse, sa simplicité et sa facilité d'intégration. Dans le **monde du web**, Lua brille dans les scénarios haute performance, en particulier via des plateformes comme OpenResty. Nous avons également abordé son utilité dans le traitement de texte, l'administration système et même les systèmes embarqués spécialisés. Ces applications pratiques démontrent la proposition de valeur de Lua : un langage petit, rapide, portable et facilement intégrable, idéal pour étendre des systèmes plus grands ou construire des applications spécialisées et efficaces.

Implémenter Lua avec succès dans ces projets du monde réel nécessite plus que la simple connaissance de la syntaxe ; cela exige d'écrire du code propre, lisible, maintenable, testable et efficace. Dans le prochain chapitre, nous nous concentrerons exactement sur ces aspects, couvrant le style de codage, les techniques de débogage, les stratégies de test et les considérations de performance pour vous aider à écrire du code Lua de haute qualité.

17

Écrire du code de qualité

Vous avez parcouru les fonctionnalités principales de Lua, exploré ses puissantes tables et métatables, appris à organiser le code avec des modules (Chapitre 10), à gérer les erreurs (Chapitre 9), et même jeté un œil à l'interaction avec C (Chapitre 14) et à ses applications dans le monde réel (Chapitre 16). Connaître les fonctionnalités du langage est essentiel, mais écrire du code qui *fonctionne* n'est que le premier obstacle. Pour construire des projets robustes, évolutifs et collaboratifs, vous devez écrire du code de *qualité* – un code qui n'est pas seulement fonctionnel mais aussi clair, facile à comprendre, simple à modifier et dont l'exactitude est démontrable. Ce chapitre se concentre sur l'art de la programmation Lua : adopter un bon style de codage, trouver et corriger efficacement les bugs (débogage), vérifier l'exactitude par des tests, et prendre en compte les performances lorsque cela compte vraiment. Ces pratiques élèvent votre code d'un simple script à un logiciel de qualité professionnelle.

L'importance d'un bon code

Pourquoi devriez-vous vous soucier de la qualité du code au-delà du simple fait de le faire fonctionner ?

- **Lisibilité** : Le code est lu bien plus souvent qu'il n'est écrit, tant par les autres que par votre futur vous. Un code clair et bien structuré est plus facile à comprendre, réduisant l'effort mental requis pour comprendre ce qu'il fait.

Pensez-y comme lire un livre bien formaté par rapport à déchiffrer des notes griffonnées à la hâte.

- **Maintenabilité** : Les logiciels évoluent. Les exigences changent, des bugs sont trouvés, des fonctionnalités sont ajoutées. Un code facile à comprendre est aussi plus facile et plus sûr à modifier. Un code mal écrit peut transformer des changements simples en opérations complexes et risquées.
- **Collaboration** : Si vous travaillez en équipe (ou même si vous partagez du code avec d'autres), un style cohérent et lisible est primordial. Il permet à chacun de comprendre et de contribuer plus efficacement à la base de code.
- **Débogage** : Un code propre est souvent plus facile à déboguer. Lorsque la logique est simple et bien organisée, identifier la source d'une erreur devient beaucoup plus simple.

Investir du temps dans l'écriture de code de qualité est très rentable à long terme, économisant du temps, des efforts et de la frustration.

Style de codage et conventions Lua

Bien que la syntaxe de Lua soit flexible, suivre des conventions établies rend le code plus lisible et prévisible pour toute personne familière avec Lua. La **cohérence** est le principe le plus important – choisissez un style et respectez-le tout au long de votre projet.

Conventions de nommage

- **Variables et fonctions** : Choisissez des noms descriptifs qui indiquent clairement l'objectif. `score_joueur` ou `calculerTotal` est bien meilleur que `sj` ou `calc`. Les styles de casse courants incluent :
  - `camelCase` : `nomJoueur`, `santeMax`, `obtenirEntreeUtilisateur` (souvent vu dans le code applicatif).
  - `snake_case` : `nom_joueur`, `sante_max`, `obtenir_entree_utilisateur` (souvent vu dans les bibliothèques, en particulier celles interfacées avec C).
  - Aucun n'est officiellement "meilleur" ; choisissez un style pour votre projet et appliquez-le de manière cohérente.
- **Constantes** : Pour les valeurs destinées à rester constantes, la convention est d'utiliser toutes les lettres majuscules avec des traits de soulignement comme séparateurs : `MAX_JOUEURS`, `TIMEOUT_DEFAUT`. (Lua n'impose pas les constantes, c'est purement une convention pour la lisibilité).

- **Variables booléennes** : Bénéficient souvent de noms commençant par `est`, `a`, ou `devrait` (par ex., `estActif`, `aCollisionne`).
- **Tables de module** : Souvent nommées `M` ou un nom court et descriptif dans le fichier module (comme vu au chapitre 10).

Indentation et espacement

- **Indentation** : Utilisez des espaces (typiquement 2 ou 4 par niveau d'indentation) ou des tabulations de manière cohérente pour montrer la structure du code dans les blocs (`if`, `for`, `while`, `function`, etc.). Mélanger espaces et tabulations est généralement déconseillé car cela conduit à une apparence incohérente dans différents éditeurs.
- **Espaces** : Utilisez des espaces autour des opérateurs (`a + b` pas `a+b`) et après les virgules (`func(a, b)` pas `func(a,b)`) pour améliorer la lisibilité.
- **Lignes vides** : Utilisez les lignes vides avec parcimonie pour séparer les blocs logiques de code au sein d'une fonction ou d'un fichier, améliorant l'organisation visuelle.

```
-- Bonne indentation et espacement
local function calculerDegats(degatsBase, defense, coupCritique)
  local degatsEffectifs = degatsBase - defense
  if degatsEffectifs < 0 then
    degatsEffectifs = 0 -- Ne peut pas infliger de dégâts négatifs
  end

  if coupCritique then
    degatsEffectifs = degatsEffectifs * 2
  end

  return degatsEffectifs
end


-- Version moins lisible
function calculerDegats(degatsBase,defense,coupCritique)
local degatsEffectifs=degatsBase-defense
if degatsEffectifs<0 then
degatsEffectifs=0
end
if coupCritique then
degatsEffectifs=degatsEffectifs*2
end
return degatsEffectifs
end
```

Longueur de ligne

Visez à garder les lignes de code relativement courtes, souvent autour de **80 caractères**. Cette norme découle des largeurs de terminal historiques mais reste pratique car :

- Elle évite le défilement horizontal dans la plupart des éditeurs et outils de revue de code.
- Elle encourage à décomposer les instructions complexes en instructions plus simples.
- Elle améliore généralement la lisibilité.

Si une instruction devient trop longue, décomposez-la ou coupez-la logiquement :

```lua
-- Ligne longue
local moyenne = (note1 + note2 + note3 + note4 + note5 + note6) / 6

-- Mieux : Décomposez ou coupez
local noteTotale = note1 + note2 + note3 + note4 + note5 + note6
local moyenne = noteTotale / 6

-- Ou coupez logiquement (l'alignement aide)
local message = "Joueur " .. joueur.nom ..
                " a atteint le niveau " .. joueur.niveau ..
                " avec un score de " .. joueur.score .. "."
```

Utilisez généreusement les variables `local`

Comme souligné à plusieurs reprises (Chapitres 2, 5, 10), **déclarez toujours les variables avec `local`** sauf si vous avez spécifiquement besoin d'une variable globale (ce qui devrait être rare). Ceci :

- Empêche la modification accidentelle de variables depuis d'autres parties du code.
- Améliore légèrement les performances, car Lua peut accéder aux locales plus rapidement qu'aux globales.
- Rend le code plus facile à comprendre en limitant la portée où une variable est active.
- Aide le ramasse-miettes (Chapitre 13) en permettant aux variables de sortir de portée et de devenir inaccessibles plus facilement.

Commenter judicieusement

Les commentaires expliquent le code aux lecteurs humains. Écrivez des commentaires pour clarifier le *pourquoi*, pas seulement le *quoi* (si le code lui-même est clair).

- **Expliquer la logique complexe** : Si un algorithme ou un calcul n'est pas évident, expliquez le raisonnement derrière celui-ci.
- **Clarifier l'intention** : Expliquez le but d'un morceau de code délicat ou pourquoi une approche particulière a été choisie plutôt qu'une autre.
- **Documenter les hypothèses** : Si votre code repose sur des préconditions spécifiques ou des états externes, documentez-les.
- **En-têtes de module/fonction** : Utilisez des commentaires en haut des fichiers ou avant les fonctions pour expliquer leur objectif global, leurs paramètres et leurs valeurs de retour (des outils comme LDoc utilisent des formats de commentaires spécifiques pour cela).
- **Évitez les commentaires évidents** : Ne commentez pas les choses que le code dit déjà clairement.

```
-- Mauvais commentaire :
local i = i + 1 -- Incrémente i

-- Bon commentaire :
-- Applique l'ajustement gravitationnel basé sur la masse planétaire
(Loi de Newton)
local force = G * masse1 * masse2 / (distance ^ 2)
```

- **Maintenez les commentaires à jour** : Si vous modifiez le code, assurez-vous de mettre à jour les commentaires en conséquence ! Les commentaires obsolètes sont pires que pas de commentaires du tout.

Trouver et corriger les bugs

Même avec un codage prudent, des bugs se produisent. Le **débogage** est le processus de recherche et de correction des erreurs dans votre code.

Au-delà de `print`

L'humble instruction `print()` est souvent le premier outil de débogage que les programmeurs utilisent, et elle peut être étonnamment efficace pour les cas simples. Vous pouvez insérer des appels `print(variable)` ou `print(type(variable))` pour tracer l'état de votre programme.

- **Astuce** : Utilisez `io.stderr:write(...)` pour les messages de débogage. Cela écrit souvent dans un flux séparé de la sortie normale de votre programme (`print` écrit généralement sur `io.stdout`), ce qui facilite la distinction des informations de débogage, surtout si votre programme produit beaucoup de sortie standard ou si la sortie standard est redirigée. `io.stderr:write` n'ajoute pas non plus automatiquement de tabulations ou de nouvelles lignes, vous donnant plus de contrôle.

```
local function traiter(donnees)
  io.stderr:write(string.format("DEBUG: Traitement des données : %q\n",
donnees))
  -- ... logique de traitement ...
  local resultat = donnees * 2 -- Erreur potentielle si donnees n'est
pas un nombre !
  io.stderr:write(string.format("DEBUG: Résultat : %s\n",
tostring(resultat)))
  return resultat
end
```

- Combinez `print` avec `tostring` ou `string.format("%q", ...)` pour gérer différents types de données avec élégance et voir les distinctions entre `nil`, `"nil"`, les nombres, etc.

Exploiter les messages d'erreur et les traces de pile

Comme mentionné au chapitre 9, portez une attention particulière aux messages d'erreur et aux traces de pile de Lua. Ils indiquent l'emplacement (fichier et ligne) et le type d'erreur d'exécution, et la trace montre la séquence d'appels de fonction y menant. C'est souvent suffisant pour identifier la source du problème. Utilisez `debug.traceback()` dans les gestionnaires d'erreurs `pcall` ou `xpcall` pour capturer ces informations par programme pour la journalisation.

Utiliser intelligemment la bibliothèque debug

Bien que généralement évité dans le code de production, la bibliothèque `debug` (Chapitre 12) offre des outils puissants pendant le développement :

- `debug.getinfo(niveau ou func, "Sl")` : Obtient des informations sur la source et le numéro de ligne pour un niveau de pile ou une fonction spécifique.
- `debug.getlocal(niveau, index)` / `debug.getupvalue(func, index)` : Inspecte les noms et les valeurs des variables locales ou des upvalues à des points spécifiques de la pile d'appels. Cela peut être inestimable lorsqu'une erreur se produit profondément dans des appels imbriqués.
- Rappelez-vous `debug.traceback()` pour générer des traces de pile à la demande.

Débogueurs externes

Pour des scénarios plus complexes, le débogage par `print` peut devenir fastidieux. Les débogueurs visuels offrent une expérience beaucoup plus puissante :

- **Points d'arrêt** : Définissez des points dans votre code où l'exécution doit s'arrêter.
- **Exécution pas à pas** : Exécutez le code ligne par ligne (`pas à pas principal`, `pas à pas détaillé`, `pas à pas sortant`).
- **Inspection des variables** : Examinez les valeurs des variables locales et globales (et souvent des upvalues) pendant que le programme est en pause.
- **Inspection de la pile d'appels** : Visualisez la pile d'appels de fonction actuelle.

Les débogueurs Lua populaires incluent :

- **ZeroBrane Studio** : Un IDE Lua léger avec un débogueur intégré.
- **Extensions VS Code** : Plusieurs extensions fournissent un support de débogage pour Lua dans Visual Studio Code (utilisant souvent des protocoles comme Debug Adapter Protocol).
- Le débogage de Lua intégré nécessite souvent une intégration avec le débogueur de l'application hôte (par ex., utiliser des appels API C pour déclencher des points d'arrêt ou inspecter l'état Lua depuis GDB/Visual Studio).

Utiliser un débogueur approprié peut réduire considérablement le temps nécessaire pour trouver et corriger des bugs complexes.

Assurer l'exactitude

Le débogage corrige les erreurs *après* qu'elles se soient produites. Les **tests** sont le processus proactif de vérification que votre code se comporte correctement dans diverses conditions, visant à attraper les bugs *avant* qu'ils n'atteignent les utilisateurs.

Pourquoi tester ?

- **Confiance** : Les tests donnent l'assurance que votre code fonctionne comme prévu.
- **Prévention des régressions** : Lorsque vous corrigez un bug ou ajoutez une fonctionnalité, les tests garantissent que vous n'avez pas accidentellement cassé des fonctionnalités existantes ailleurs (ce sont les **tests de régression**).
- **Amélioration de la conception** : Penser à la façon de tester le code vous oblige souvent à l'écrire d'une manière plus modulaire et testable (par ex., décomposer de grandes fonctions en unités plus petites et testables).
- **Documentation** : Les tests servent de documentation exécutable, démontrant comment votre code est censé être utilisé et quels résultats sont attendus.

Concepts des tests unitaires

La forme de test la plus courante est le **test unitaire**. Un test unitaire se concentre sur la vérification d'un petit morceau de code isolé (une "unité"), typiquement une seule fonction ou méthode, isolément du reste du système.

- **Arranger (Arrange)** : Mettre en place toutes les préconditions ou données d'entrée nécessaires pour l'unité testée.
- **Agir (Act)** : Exécuter l'unité de code (par ex., appeler la fonction).
- **Affirmer (Assert)** : Vérifier si le résultat (valeurs de retour, effets de bord, changements d'état) correspond au résultat attendu. Utilisez `assert` (Chapitre 9) ou les fonctions d'assertion fournies par les frameworks de test.

Frameworks de test Lua

Bien que vous puissiez écrire des tests simples en utilisant juste `assert`, les frameworks de test dédiés fournissent une structure, la découverte de tests, des rapports et des fonctions d'assertion utiles. Les choix populaires dans l'écosystème Lua incluent :

- **Busted** : (http://olivinelabs.com/busted/) Un framework largement utilisé et riche en fonctionnalités, inspiré de RSpec (Ruby). Il prend en charge le style de développement piloté par le comportement (BDD) (blocs `describe`/`it`) et fournit de nombreuses assertions intégrées.
- **Telescope** : Une autre option de framework de test.
- D'autres existent, souvent adaptés à des environnements spécifiques (comme les moteurs de jeu).

Exemple utilisant la syntaxe Busted (conceptuel) :

```
-- En supposant que utilschaines.lua du chapitre 10 existe
describe("Module Utilitaires de Chaînes (utilschaines)", function()
  local utilschaines = require("utilschaines") -- Arranger : Charger le module

  describe("estVide()", function()
    it("devrait retourner true pour nil", function()
      assert.is_true(utilschaines.estVide(nil)) -- Affirmer
    end)

    it("devrait retourner true pour une chaîne vide", function()
      assert.is_true(utilschaines.estVide("")) -- Affirmer
    end)

    it("devrait retourner false pour une chaîne non vide", function()
      assert.is_false(utilschaines.estVide("bonjour")) -- Affirmer
    end)

    it("devrait retourner false pour les nombres", function()
      assert.is_false(utilschaines.estVide(123)) -- Affirmer
    end)
  end)

  describe("repeterChaine()", function()
    it("devrait répéter la chaîne correctement", function()
      assert.are.equal("ababab", utilschaines.repeterChaine("ab", 3)) --
Affirmer
    end)

    it("devrait retourner une chaîne vide pour 0 répétition", function()
      assert.are.equal("", utilschaines.repeterChaine("abc", 0)) -- Affirmer
    end)

    -- Busted fournit aussi des moyens d'affirmer qu'une erreur se produit
    it("devrait lever une erreur sur entrée invalide", function()
      assert.error(function() utilschaines.repeterChaine("a", -1) end)
    end)
  end)
end)
```

Exécuter busted dans le terminal découvrirait et exécuterait ces tests, rapportant les succès et les échecs.

Écrire du code testable

- **Fonctions pures** : Les fonctions qui retournent toujours la même sortie pour la même entrée et n'ont pas d'effets de bord sont les plus faciles à tester.

- **Injection de dépendances** : Au lieu qu'une fonction dépende directement d'un état global ou de services externes codés en dur (comme les requêtes réseau ou les E/S de fichiers), passez ces dépendances en arguments (souvent sous forme de tables ou de fonctions). Dans les tests, vous pouvez alors passer des versions "mock" ou "stub" de ces dépendances qui fournissent un comportement contrôlé sans nécessiter un accès réel au réseau ou aux fichiers.
- **Petites unités** : Décomposez les grandes fonctions complexes en fonctions plus petites et ciblées, chacune effectuant une sous-tâche testable.

Optimisation des performances

Lua est généralement rapide, mais parfois les performances deviennent critiques.

N'optimisez pas prématurément

> "L'optimisation prématurée est la racine de tous les maux." - Donald Knuth (attribué)

Écrivez d'abord du code clair, correct et lisible. N'optimisez que si :

1. Vous **savez** que vous avez un problème de performance.
2. Vous avez **mesuré** (profilé) votre code et identifié les **goulots d'étranglement** réels.

Optimiser du code qui n'est pas un goulot d'étranglement gaspille du temps et rend souvent le code plus difficile à lire et à maintenir pour peu ou pas de gain réel.

Mesurez !

Utilisez des outils pour découvrir où votre code passe le plus de temps :

- `os.clock()` : Pour un chronométrage de base de blocs de code spécifiques.
- **Outils de profilage** : Lua a des capacités de profilage intégrées (`debug.sethook` avec le crochet `"l"` peut compter les exécutions de ligne) et des profileurs externes existent (par ex., intégrés à ZeroBrane Studio, profileurs autonomes). Ces outils donnent une ventilation détaillée du temps passé dans chaque fonction.

Domaines courants d'optimisation (Après profilage)

- **Création de tables** : Créer de nombreuses tables à l'intérieur de boucles serrées peut mettre la pression sur le GC. Réutilisez les tables lorsque c'est possible si le profilage montre que la création de tables est un goulot d'étranglement.

- **Concaténation de chaînes** : Concaténer de nombreuses chaînes dans une boucle en utilisant .. peut être inefficace car chaque .. crée une nouvelle chaîne intermédiaire. Pour de nombreuses concaténations, il est souvent plus rapide d'insérer les chaînes dans une table et d'utiliser `table.concat` à la fin.

```
-- Plus lent dans une boucle avec de nombreuses itérations :
-- local resultat = ""
-- for i = 1, 10000 do resultat = resultat .. une_chaine end

-- Souvent plus rapide :
local parties = {}
for i = 1, 10000 do parties[i] = une_chaine end
local resultat = table.concat(parties)
```

- **Localiser les globales** : Accéder aux variables locales est plus rapide qu'accéder aux variables globales. Si vous utilisez une fonction globale (comme `math.sin`) ou une table de module de manière répétée à l'intérieur d'une boucle critique pour les performances, localisez-la en dehors de la boucle :

```
-- Plus lent :
-- for i = 1, 100000 do local y = math.sin(i * 0.01) end

-- Plus rapide :
local sin = math.sin -- Localise la recherche de fonction
for i = 1, 100000 do local y = sin(i * 0.01) end
```

- **Algorithmes et structures de données** : Souvent, les gains les plus importants proviennent du choix d'un algorithme plus efficace ou d'une structure de données mieux adaptée à la tâche, plutôt que de la micro-optimisation du code Lua.

- **LuaJIT** : Pour le code Lua intensif en calcul, envisagez d'utiliser LuaJIT (http://luajit.org/). C'est un compilateur Just-In-Time séparé et hautement optimisé pour Lua 5.1 (avec quelques fonctionnalités rétroportées) qui peut fournir des accélérations spectaculaires, approchant souvent les performances de niveau C pour le code numérique.

- **Passer à C** : Pour les parties absolument les plus exigeantes de votre application, implémentez-les comme des fonctions C appelables depuis Lua en utilisant l'API C (Chapitre 14).

Écrire défensivement

Écrivez du code qui anticipe les problèmes potentiels :

- **Valider les arguments de fonction** : Utilisez `assert` ou des vérifications `if` au début des fonctions (en particulier les fonctions API publiques) pour vous assurer que les arguments sont du type attendu et dans des plages valides. Échouez rapidement si les entrées sont invalides.
- **Gérer** `nil` : Soyez conscient des opérations qui peuvent retourner `nil` (recherches dans les tables, fonctions potentiellement défaillantes) et vérifiez-le avant d'essayer d'utiliser le résultat, en particulier avant l'indexation (`if valeur then print(valeur.champ) end`).
- **Gestion élégante des erreurs** : Utilisez `pcall` de manière appropriée (Chapitre 9) pour gérer les erreurs d'exécution potentielles provenant de sources externes ou d'opérations qui pourraient échouer dans des conditions spécifiques.

La documentation compte

Un bon code inclut une bonne documentation.

- **API publiques** : Documentez les fonctions et variables exposées par vos modules. Expliquez ce qu'elles font, quels paramètres elles attendent (types, objectif), et ce qu'elles retournent.
- **Commentaires internes** : Utilisez des commentaires pour expliquer les parties complexes ou non évidentes de l'implémentation (comme discuté sous Style).
- **Générateurs de documentation** : Des outils comme **LDoc** (https://github.com/lunarmodules/LDoc) peuvent générer automatiquement une documentation HTML à partir de commentaires spécialement formatés dans votre code Lua, similaires à Javadoc ou Doxygen. Adopter un générateur de documentation encourage des pratiques de documentation cohérentes.

Résumé du chapitre

Ce chapitre est passé de la simple connaissance de Lua à l'art d'écrire du code Lua de qualité. Nous avons souligné l'importance de la lisibilité, de la maintenabilité et de la collaboration, grâce à un **style de codage** cohérent (nommage, espacement, localité, commentaires). Vous avez appris des stratégies pratiques de **débogage** au-delà des instructions `print` de base, y compris l'exploitation des messages d'erreur, des traces de pile et le potentiel des débogueurs dédiés. Nous avons introduit la pratique cruciale des **tests**, en nous concentrant sur les tests unitaires, le motif Arranger-Agir-Affirmer, et le rôle des frameworks de test comme Busted. Nous avons discuté de l'**optimisation des performances**, en soulignant l'importance de mesurer avant d'optimiser et en couvrant les domaines courants comme la gestion des tables/chaînes et la localisation, mentionnant également LuaJIT et l'intégration C comme options avancées. Enfin, nous avons abordé la programmation défensive et la valeur d'une documentation claire. Appliquer ces principes de manière cohérente améliorera considérablement la qualité, la robustesse et la longévité de vos projets Lua.

Vous avez maintenant couvert l'étendue du langage Lua et les pratiques pour l'utiliser efficacement. Notre dernier chapitre récapitulera brièvement le parcours et vous orientera vers des ressources pour continuer votre exploration du vibrant écosystème Lua.

18

Votre voyage Lua continue

Et voilà, vous avez navigué dans le paysage de la programmation Lua, de la première instruction `print` aux subtilités des métatables, des coroutines, et même de l'API C ! Prenez un moment pour apprécier le chemin parcouru. Vous avez commencé avec les blocs de construction de base et les avez progressivement assemblés en une compréhension complète du fonctionnement de Lua et de la manière d'exploiter sa puissance élégante. Ce dernier chapitre ne vise pas à apprendre de nouvelles fonctionnalités, mais à consolider ce que vous avez appris, à célébrer vos progrès et à tracer une voie pour votre exploration continue de l'univers Lua. Considérez-le comme atteindre un belvédère panoramique – une chance de regarder en arrière le chemin parcouru et de contempler les possibilités passionnantes à venir.

Vous avez beaucoup appris !

Retraçons brièvement les étapes clés de votre voyage Lua à travers ce livre :

- Vous avez commencé avec les fondamentaux : la philosophie de Lua, la configuration de votre environnement, la syntaxe de base, les variables, et les types de données principaux comme `nil`, `boolean`, `number`, et `string` (Chapitres 1-2).
- Vous avez appris à contrôler le flux de vos programmes en utilisant les opérateurs, les expressions, la logique conditionnelle avec `if`, `elseif`, `else`, et la répétition avec les boucles `while`, `repeat`, et `for` (Chapitres 3-4).

- Vous avez maîtrisé les fonctions – les définir, passer des arguments, obtenir plusieurs valeurs de retour, comprendre la portée (`local` !), et explorer la puissance des fonctions de première classe, des fermetures et de la récursivité (Chapitre 5).
- Vous avez plongé au cœur de Lua : la table polyvalente, apprenant à l'utiliser comme tableaux, dictionnaires, et comment itérer dessus avec `pairs` et `ipairs` (Chapitre 6).
- Vous avez débloqué les super-pouvoirs des tables avec les métatables et les métaméthodes comme `__index`, `__newindex`, `__add`, et `__tostring`, permettant la surcharge d'opérateurs et des comportements personnalisés (Chapitre 7).
- Vous vous êtes attaqué à la manipulation de texte en utilisant la bibliothèque `string`, y compris la puissante correspondance de motifs (Chapitre 8).
- Vous avez appris à écrire des programmes plus robustes en anticipant et en gérant les erreurs à l'aide de `pcall`, `xpcall`, `assert`, et `error` (Chapitre 9).
- Vous avez découvert comment structurer de plus grands projets en utilisant des modules et des packages avec `require` (Chapitre 10).
- Vous avez exploré l'approche unique de Lua au multitâche coopératif avec les coroutines (`yield`, `resume`, `wrap`) (Chapitre 11).
- Vous avez parcouru les outils essentiels fournis par les bibliothèques standard de Lua : `math`, `os`, `io`, `table`, `debug`, et `utf8` (Chapitre 12).
- Vous avez compris les principes de la gestion automatique de la mémoire via le Ramasse-miettes, y compris les tables faibles et les finaliseurs (Chapitre 13).
- Vous avez ouvert la porte à l'extension des capacités de Lua et à son intégration dans d'autres applications en apprenant les bases de l'API C de Lua et de la pile virtuelle (Chapitre 14).
- Vous avez vu comment les fonctionnalités flexibles de Lua vous permettent d'implémenter des motifs de programmation orientée objet (Chapitre 15).
- Vous avez découvert où Lua fait sa marque dans le monde réel, du développement de jeux et serveurs web au scripting d'applications (Chapitre 16).
- Enfin, vous avez appris l'art d'écrire du code de qualité grâce à un style cohérent, un débogage efficace, des tests essentiels et des considérations de performance réfléchies (Chapitre 17).

C'est une quantité significative de connaissances ! Vous possédez maintenant une base solide en programmation Lua.

La vibrante communauté Lua

Les langages de programmation sont plus que de simples syntaxes et sémantiques ; ce sont des écosystèmes vivants soutenus par des communautés de développeurs. S'engager avec la communauté Lua est l'un des meilleurs moyens de continuer à apprendre, d'obtenir de l'aide lorsque vous êtes bloqué et de découvrir de nouvelles bibliothèques et techniques.

Voici quelques endroits clés pour se connecter :

- **Le site web officiel de Lua (lua.org)** : La source de vérité. Vous y trouverez la documentation officielle (y compris le Manuel de Référence), les téléchargements du code source, l'historique et des liens vers d'autres ressources.
- **Liste de diffusion Lua (lua.org/lua-l.html)** : C'est le principal forum de discussion de longue date entre les développeurs Lua, y compris les créateurs du langage. C'est un endroit idéal pour poser des questions techniques (après avoir cherché dans les archives !), discuter de la conception du langage et voir les annonces.
- **Lua Workshop (www.lua.org/wshop/)** : Un événement annuel où les développeurs Lua du monde entier se réunissent pour présenter des conférences et discuter de leur travail avec Lua. Les présentations des ateliers précédents sont souvent disponibles en ligne.
- **Forums et communautés en ligne :**
  - **Stack Overflow** : Possède un grand nombre de questions et réponses liées à Lua. N'oubliez pas de chercher avant de demander !
  - **Reddit** : Le subreddit r/lua est une communauté active pour les nouvelles, les questions et la présentation de projets.
  - **Serveurs Discord** : Divers serveurs dédiés à Lua ou à des frameworks spécifiques (comme LÖVE, Defold) existent, offrant un chat en temps réel et de l'aide.

N'hésitez pas à participer. Poser des questions bien formulées, partager vos solutions et aider les autres sont d'excellents moyens d'approfondir votre propre compréhension.

Ressources essentielles

Au-delà de l'interaction communautaire, certaines ressources sont indispensables pour tout développeur Lua sérieux :

- **Programming in Lua (PiL)** : Écrit par Roberto Ierusalimschy, l'architecte en chef de Lua, c'est le livre de référence sur Lua. Il fournit des informations approfondies sur la conception du langage et son utilisation pratique. Bien que vous deviez peut-être acheter la dernière édition couvrant les versions récentes, les éditions antérieures (couvrant souvent Lua 5.0 ou 5.1) sont disponibles gratuitement en ligne (www.lua.org/pil/) et couvrent toujours extrêmement bien les concepts fondamentaux. Ce livre que vous venez de lire vise à compléter PiL, offrant un chemin différent à travers le matériel. La lecture de PiL est fortement recommandée pour une plongée plus profonde.
- **Manuel de référence Lua** (www.lua.org/manual/) : C'est la spécification officielle et précise du langage Lua et de ses bibliothèques standard pour une version spécifique. C'est moins un tutoriel qu'une référence technique – inestimable lorsque vous avez besoin de la définition exacte du comportement d'une fonction ou des règles de syntaxe précises. Gardez le manuel de votre version de Lua à portée de main !
- **LuaRocks** (luarocks.org) : Tout comme Python a Pip et Node.js a npm, Lua a LuaRocks – le principal gestionnaire de paquets pour les modules Lua. LuaRocks vous permet de découvrir, installer et gérer facilement des milliers de bibliothèques tierces ("rocks") créées par la communauté, couvrant tout, des frameworks web et pilotes de base de données aux structures de données et outils de développement de jeux. Apprendre à utiliser LuaRocks est essentiel pour tirer parti de l'écosystème Lua élargi.

L'évolution de Lua

Lua n'est pas statique ; il continue d'évoluer, guidé par ses principes fondamentaux de simplicité, d'efficacité et de portabilité. Vous rencontrerez différentes versions de Lua (par ex., 5.1, 5.2, 5.3, 5.4, et les versions futures). Bien que le langage de base reste remarquablement stable, les versions ultérieures introduisent des changements et des ajouts subtils mais utiles :

- **Lua 5.1** : Une version influente et de longue durée, formant la base de LuaJIT.
- **Lua 5.2** : A introduit _ENV pour la gestion des environnements (affectant l'accès aux variables globales), pcall/métaméthodes cédables (yieldable), et les opérations bit à bit.
- **Lua 5.3** : A introduit un sous-type entier officiel pour les nombres, la bibliothèque utf8, les opérateurs bit à bit, et des changements dans la division flottant/entier.

- **Lua 5.4** : A introduit un nouveau mode de ramasse-miettes générationnel, une nouvelle sémantique `toclose` pour la gestion des ressources, et les attributs de variable const/close.

Vous n'avez pas besoin de mémoriser chaque différence, mais soyez conscient que le code écrit pour une version peut nécessiter des ajustements mineurs pour une autre, en particulier concernant les fonctionnalités introduites ultérieurement.

Également d'une importance critique est **LuaJIT** (luajit.org). Bien que basé sur la spécification du langage Lua 5.1 (avec quelques fonctionnalités rétroportées), LuaJIT utilise un compilateur Just-In-Time sophistiqué pour atteindre des performances significativement plus élevées, approchant souvent les vitesses C, en particulier pour le code numérique et répétitif. Il est largement utilisé dans le développement de jeux (comme Defold) et l'infrastructure web (comme OpenResty) où les performances sont primordiales. Si vous avez besoin d'une vitesse maximale de Lua, LuaJIT est l'outil à investiguer.

Contribuer en retour

Au fur et à mesure que vous devenez plus compétent, envisagez de contribuer en retour à la communauté Lua :

- Aidez les autres sur les listes de diffusion ou les forums.
- Signalez clairement les bugs à l'équipe Lua ou aux auteurs de bibliothèques.
- Écrivez vos propres modules utiles et publiez-les sur LuaRocks.
- Contribuez à la documentation ou aux exemples pour les projets existants.
- Participez aux discussions sur l'avenir du langage.

Continuez à coder ! Idées de projets

La meilleure façon de consolider vos connaissances et de continuer à apprendre est de **construire des choses** ! Voici quelques idées de petits projets pour pratiquer vos compétences Lua :

1. **Jeu d'aventure textuel simple** : Utilisez des tables pour représenter les pièces et les objets, des fonctions pour les actions du joueur (`aller nord`, `prendre objet`), `io.read` pour l'entrée, et `print` pour les descriptions.
2. **Chargeur de fichier de configuration** : Écrivez un module qui peut charger un fichier de configuration `.lua` (comme celui montré au chapitre 16), valider son contenu et fournir un accès aux paramètres.

3. **Utilitaire en ligne de commande** : Créez un script qui effectue une tâche utile depuis le terminal, comme renommer des fichiers dans un répertoire basé sur un motif (bibliothèques os, string), calculer le nombre de mots dans des fichiers texte (io, string), ou récupérer des données simples depuis une API web (nécessite une bibliothèque HTTP externe via LuaRocks, comme lua-requests ou lua-cURL).

4. **Expérimentez avec un framework de jeu** : Téléchargez LÖVE (love2d.org) ou Defold (defold.com) et essayez de créer un jeu 2D simple (comme Pong, Snake, ou Asteroids). C'est un excellent moyen d'appliquer Lua dans un contexte amusant et visuel.

5. **Intégration C de base** : Essayez d'écrire une fonction C très simple (comme celle qui additionne deux nombres) et rendez-la appelable depuis Lua en utilisant les techniques de l'API C du chapitre 14.

Commencez petit, faites fonctionner quelque chose, puis ajoutez progressivement des fonctionnalités. N'ayez pas peur de consulter la documentation et les exemples.

Réflexions finales

La simplicité de Lua le rend accessible, mais ses caractéristiques uniques comme les fonctions de première classe, les tables flexibles, les métatables puissantes et les coroutines légères offrent une profondeur et une adaptabilité remarquables. C'est un langage qui n'impose pas de structures rigides mais vous donne plutôt des outils polyvalents pour construire les vôtres.

Le chemin vers la maîtrise implique une pratique continue, l'exploration et l'engagement. Construisez des projets, lisez du code écrit par d'autres, participez à la communauté et ne cessez jamais d'être curieux. Le monde de Lua est vaste et enrichissant.

www.ingramcontent.com/pod-product-compliance
Lightning Source LLC
LaVergne TN
LVHW062314060326
832902LV00013B/2214